동영상강의 www.pmg.co.kr

9급 공무원 시험대비 **전면개정판**

박문각 공무원 파이널 모의고사

노범석 한국사

실전 동형 **12회분**

| 영역별 모의고사 5회분 + 전범위 모의고사 7회분 + 최신 기출문제 2회분
| 최신 기출 경향을 반영한 적중도 높은 문제 구성

노범석 편저

브랜드만족
1위
박문각

수상내역 후면표기

2023

시험 직전
최종 마무리 모의고사

QMG 박문각

파이널 모의고사

정답 및 해설

박문각 공무원

시험 직전
최종 마무리 모의고사

박문각 공무원
노범석 한국사

파이널
모의고사

영역별 모의고사 제1~5회

01 밑줄 친 '이 시대'에 대한 설명으로 옳은 것은?

> 이 시대 사람들은 강가나 바닷가에 살면서 고기잡이, 사냥, 식물 채집을 통해 먹을거리를 얻었다. 바닷가에 살던 사람들은 배를 타고 바다로 나가 작살과 이음낚시를 이용해 물고기를 잡기도 하였다.

① 팔찌나 목걸이, 귀걸이 등 치레걸이를 만들어 자신의 몸을 꾸몄다.
② 움집은 점차 지상 가옥으로 바뀌었으며, 움집 중앙에 있던 화덕은 벽으로 옮겨졌다.
③ 하늘이나 영혼을 인간과 연결해 주는 무당과 무당의 주술을 믿는 애니미즘이 생겨났다.
④ 이 시대의 유적은 중국 랴오닝 성, 지린 성 지방을 포함하는 만주 지역과 한반도에 걸쳐 널리 분포하고 있다.

02 다음 사건 이후에 전개된 역사적 사실로 가장 적절하지 못한 것은?

> 위만이 망명하여 호복(胡服)을 하고 동쪽의 패수를 건너 준왕에게 투항하였다. … 준왕은 그를 믿고 총애하여 … 백 리의 땅을 봉해 서쪽 변경을 지키도록 하였다.

① 중국 산둥 지방에 위치한 제나라와 교역을 하였다.
② 고조선은 군대를 보내 요동도위로 있던 섭하를 살해하였다.
③ 철기 문화가 본격적으로 확산되었고, 지리적 이점을 이용해 중계무역으로 번성하였다.
④ 남쪽으로 황해도 일대, 동북으로 함경도 일대로 세력을 뻗쳐 한강 이북을 차지하였다.

03 다음은 고구려의 발전 과정을 서술한 것이다. 순서대로 바르게 나열한 것은?

> ㉠ 계루부 출신이 세습적으로 왕위를 계승하기 시작하였다.
> ㉡ 교통이 편리한 압록강 연안의 국내성으로 수도를 옮겼다.
> ㉢ 위나라의 공격을 받아 관구검에 의해 환도성이 함락당하였다.
> ㉣ 족장이 지배하던 5부를 행정 구역으로 개편하여 족장 세력을 관료로 흡수하였다.

① ㉠ - ㉢ - ㉣ - ㉡   ② ㉡ - ㉠ - ㉢ - ㉣
③ ㉡ - ㉠ - ㉣ - ㉢   ④ ㉡ - ㉣ - ㉠ - ㉢

04 다음 밑줄 친 '왕' 때의 사실로 가장 적절한 것은?

> 고구려가 군사를 동원하여 공격해 왔다. 왕이 이를 듣고 패하(浿河) 강가에 군사를 매복시키고 그들이 오기를 기다려 급히 치니 고구려 군사가 패하였다. 그 해 겨울, 왕이 태자와 함께 정병 3만 명을 거느리고 고구려에 침입하여 평양성을 공격하였다.

① 왕위의 부자 상속이 시작되었다.
② 북쪽의 낙랑군과 대방군을 공격하여 영토를 넓혔다.
③ 불교를 받아들여 새로운 통치 이념으로 삼았다.
④ 신라 눌지 마립간과 동맹을 맺어 고구려의 남진을 견제하였다.

05 (가)~(라) 시기에 들어갈 역사적 사실로 가장 적절한 것은?

수나라		평양성	매소성	
건국	살수대첩	함락	전투	발해 건국
(가)	(나)	(다)	(라)	

① (가) : 고구려는 서쪽 국경 지대에 천리장성을 쌓기 시작하였다.
② (나) : 의자왕의 아들 부여융이 웅진도독부의 도독이 되었다.
③ (다) : 왜의 수군이 백강 입구에서 나·당 연합군에게 패배하였다.
④ (라) : 신라는 백제의 수도였던 사비성을 탈환하고, 소부리주를 설치하였다.

06 밑줄 친 '왕'과 관련된 국가에 대한 설명으로 옳지 않은 것은?

> 거북 머리 모양의 구지봉은 왕의 탄생과 관련된 곳입니다. 왕과 그의 부인 허왕후의 능은 서로의 거리가 2리쯤 됩니다. … 허왕후의 능에는 제각(祭閣)이 없으므로 전부터 제사 지낼 때 왕릉의 제각에 합설(合設)하였습니다.

① 낙동강 하류에 위치하여 해상 활동에 유리하였다.
② 소백산맥을 넘어 전라북도 일부 지역까지 영역을 확장하였다.
③ 덩이쇠를 만들어 화폐와 같은 교환 수단으로 이용하기도 하였다.
④ 고구려가 신라를 돕기 위해 5만의 군대를 보내어 가야 지역을 공격해 오자, 큰 타격을 입었다.

07 (가)와 (나) 사이에 들어갈 역사적 사실로 옳지 않은 것은?

> (가) 웅천주 도독 헌창은 그의 아버지가 임금이 되지 못하였다는 이유로 반란을 일으켜 국호를 장안이라 하고, 연호를 세워 경운 원년이라 하였다.
> (나) 도적들이 나라의 서남쪽에서 일어났는데, 붉은색 바지를 입어 모습을 다르게 하였기 때문에 적고적(赤袴賊)이라고 불렸다.

① 사치금지령이 내려져 당시 문란해진 사회 기강을 바로잡고자 하였다.
② 김우징이 청해진 대사 장보고 군대의 힘을 빌어 민애왕을 죽이고 왕위에 올랐다.
③ 원종, 애노 등이 사벌주에서 반란을 일으키니, 왕이 나마 벼슬의 영기에게 진압하게 하였다.
④ 무열왕 후손인 김주원은 왕위 계승 다툼에서 패배한 뒤, 중앙 정계에서 밀려나 명주(강릉)로 낙향하였다.

08 다음 시기에 집권했던 국왕에 대한 설명으로 옳은 것은?

> 왕 6년 거칠부가 국사를 편찬하다.
> 왕 11년 이사부가 도살성과 금현성을 점령하다.
> 왕 27년 황룡사를 완공하다.

① 우산국으로 불리던 울릉도 지역을 정복하였다.
② 왕명을 집행하는 기관인 집사부를 설치하였다.
③ 상대등 알천과의 경쟁을 물리치고 왕위에 올랐다.
④ 함흥 지역까지 진출하여 옛 옥저와 동예의 땅을 차지하였다.

09 다음 밑줄 친 '이 왕'의 업적으로 옳은 것은?

> 이 왕 때에 이르러 처음으로 명령을 내려, 노비들을 자세히 살펴서 원래 노비가 맞는지 아닌지를 판별하도록 하였습니다. 이에 태조 이래의 공신들이 탄식하고 원망하였지만 간언하는 자가 아무도 없었으며, 대목 왕후께서 간절하게 말리셨으나 받아들이지 않았습니다.

① 향리, 탐라의 추장 등에게 무산계를 수여하였다.
② 대상 준홍, 좌승 왕동 등 공신 세력을 숙청하였다.
③ 불교를 배우는 사람들을 위해 광학보를 설치하였다.
④ 왕씨 성을 하사하여 호족 세력들을 포섭하였다.

10 (가)에 들어갈 정치 기구에 대한 설명으로 옳은 것은?

> (가) 은/는 관리들의 행동을 감찰하여 그들의 죄과를 논박하고 따지는 임무를 맡았다. 고려 초기에는 사헌대라고 불렸으나, 성종 때 그 명칭을 고쳤다. 그 관원들은 중서문하성의 낭사와 함께 대간으로 불렸다.

① 왕명을 기록하고 외교 문서 작성을 담당하였다.
② 왕명을 거부할 수 있는 봉박권을 가지고 있어 왕권을 견제하였다.
③ 상서령이 책임자로 있었으며, 그 아래에는 6부를 두었다.
④ 법의 제정이나 각종 시행 규정 등 대내 문제를 다루던 정치 기구이다.

11 다음 역사적 사실들을 순서대로 바르게 나열한 것은?

> ㉠ 태조 왕건은 국호를 고려라 하고, 연호를 천수로 고쳤다.
> ㉡ 신라 경순왕이 스스로 고려의 수도인 개성에 가서 항복하였다.
> ㉢ 견훤이 신라의 수도를 침공하여 경애왕을 죽이고 돌아갔다.
> ㉣ 궁예는 국호를 마진으로 바꾸고, 수도를 송악에서 철원으로 옮겼다.

① ㉠ – ㉣ – ㉡ – ㉢
② ㉠ – ㉣ – ㉢ – ㉡
③ ㉣ – ㉠ – ㉢ – ㉡
④ ㉣ – ㉢ – ㉠ – ㉡

12 밑줄 친 '왕' 재위 기간에 있었던 역사적 사실로 옳은 것은?

> 왕께 아뢰기를, "서경에 궁궐을 세워 거처를 옮기시면 금나라가 폐백을 가지고 와 스스로 항복할 것이며, 36개의 나라가 다 신하가 될 것입니다."라고 하였다. … 또 칭제건원할 것을 아뢰었으나 왕이 듣지 아니하였다.

① 속현에 감무관을 파견하기 시작하였다.
② 강감찬의 건의에 따라 개경 주위에 나성을 쌓았다.
③ 한양을 남경으로 승격시켜 개경·서경과 함께 3경이라고 하였다.
④ 만월대 재건, 벽골제 보수 등 과도한 토목 공사들이 추진되었다.

13 (가) 시기에 전개된 역사적 사실로 적절한 것을 모두 고르면?

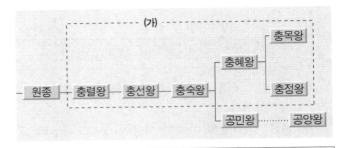

> ㉠ 고려 국왕은 다루가치라는 총독을 겸하도록 하였다.
> ㉡ 기존 사용했던 왕의 묘호를 조·종에서 왕으로 바꾸었다.
> ㉢ 원나라는 쌍성총관부, 동녕부, 탐라총관부를 설치하여 고려의 영토 일부를 직접 지배하기도 하였다.
> ㉣ 세자는 원나라 수도인 북경에 가서 인질로 머물다가 귀국하여 왕위에 오르는 것이 관례로 되었다.

① ㉡, ㉢
② ㉠, ㉡, ㉢
③ ㉡, ㉢, ㉣
④ ㉠, ㉡, ㉢, ㉣

14 (가)의 침입과 관련된 내용으로 가장 적절치 못한 것은?

> (가) 의 군사들이 곽주로 침입하였다. … 성이 결국 함락되었다. … 양규가 흥화진으로부터 군사 7백여 명을 이끌고 통주까지 와 군사 1천여 명을 수습하였다. 밤중에 곽주로 들어가서 지키고 있던 적들을 급습하여 모조리 죽인 후 성 안에 있던 남녀 7천여 명을 통주로 옮겼다.

① (가)의 1차 침입 이후, 고려는 잠시 (가)의 연호를 사용하였다.
② (가)는 한때 개경까지 점령했으며, 고려의 국왕은 멀리 나주로 피난하였다.
③ (가)의 2차 침입 때, 서북면을 지키던 강조는 전투에서 패배하여 통주에서 포로가 되었다.
④ (가)의 일부 부족은 한동안 고려를 '부모의 나라'라고 칭하며, 말이나 모피 등을 가지고 와서 식량·옷감·농기구 등을 얻어갔다.

15 다음 밑줄 친 '그'에 대한 설명으로 옳은 것은?

> 그는 경상도 경주 출신으로, 아버지는 소금 장수였고 어머니는 절의 노비였다. 뛰어난 무예 실력을 바탕으로 국왕의 근위대에 들어간 그는 무신 정변 당시 큰 활약을 펼쳐 장군으로 승진하였고, 조위총의 난을 진압한 공으로 무신의 최고직인 상장군에 올랐다.

① 자신의 집에 정방을 두어 모든 관리의 인사권을 장악하였다.
② 사병으로 조직된 도방을 설치하여 자신을 경호하게 하였다.
③ 그의 집권 시기에 경상도 운문에서 김사미가 반란을 일으켰다.
④ 토지가 비옥한 진주 지방을 식읍으로 받고, 진강후로 책봉되었다.

16 고려 시대의 과거 제도에 대한 설명으로 옳은 것을 모두 고르면?

> ㉠ 승과는 예종~인종 때 잠깐 실시되었으나 곧 폐지되었다.
> ㉡ 3년마다 시행되는 식년시가 원칙이나 격년시도 시행되었다.
> ㉢ 명경업은 유교 윤리와 정치 이념 등 유교 경전에 대한 지식을 시험한 것으로, 제술업보다 10배 많은 인원을 선발하였다.
> ㉣ 양인 이상의 신분은 과거에 응시할 수 있었는데, 실제로는 관료의 자제나 향리층에서 급제자가 많이 배출되었다.

① ㉠, ㉢
② ㉡, ㉣
③ ㉠, ㉡, ㉢
④ ㉡, ㉢, ㉣

17 고대 시대 유학의 보급·발달에 대한 설명으로 옳지 않은 것은?

① 설총은 유교 경전에 조예가 깊었으며, 이두를 정리하였다.
② 경덕왕 때 국학의 명칭을 태학(감)으로 고치고 학문을 장려하였다.
③ 발해는 중앙 6부의 명칭을 유학의 덕목으로 정할 정도로 유교가 중시되었다.
④ 고구려는 오경박사와 의박사, 역박사를 두고 유교 경전과 의학·천문·역법 등을 가르쳤다.

18 다음과 같이 주장한 승려에 대한 설명으로 옳은 것은?

> 지금의 불교계를 보면, 아침저녁으로 하는 일들이 비록 부처의 법에 의지하였다고 하나, 자신을 내세우고 이익을 구하는 데 열중하여 세속의 일에 골몰한다. 도덕을 닦지 않고 옷과 밥만 허비하니, 비록 출가하였다고 하나 무슨 덕이 있겠는가?

① 유불 일치설을 주장하며 심성의 도야를 강조했다.
② 선과 교학을 분리하지 않고 함께 수행해야 한다고 주장하였다.
③ 왕실과 가까운 흥왕사를 근거지로 하여 화엄종을 중심으로 교종을 통합하였다.
④ 백성의 신앙적 욕구를 고려하여 강진 만덕사를 중심으로 결사 운동을 전개하였다.

19 다음 자료와 관련된 국가의 경제 모습으로 가장 적절한 것은?

> 재상의 집에는 녹(祿)이 끊이지 않았다. 노비가 3천 명이나 되고 갑옷 입은 병사와 소, 말, 돼지도 그와 비슷하였다. 가축은 바다 가운데 있는 섬에 풀어놓고 기르다가, 필요할 때에는 활을 쏘아 잡아먹는다.

① 중국의 남북조, 북방의 유목 민족 등과 교역하였다.
② 예성강 어귀의 벽란도가 국제 무역항으로 번창하였다.
③ 수렵이 활발하여 모피, 녹용, 사향 등을 비싼 가격에 수출하였다.
④ 향·부곡에 사는 사람들은 일반 농민보다 더 많은 공물을 부담하였다.

20 다음 시기의 사회 모습으로 가장 적절하지 못한 것은?

> 왜구가 함주(咸州) 등지에 침입하였다. 찬성사 심덕부 등이 크게 패하자, 이성계가 가서 물리치겠다고 자청하였다. … 몸소 사졸들의 선두에 서서 공격하니, 향하는 곳마다 적이 쓰러졌다.

① 귀족, 사원 등에 의해 고리대가 성행하였다.
② 법률은 주로 관습법을 중심으로 운영되었다.
③ 평민들은 대체 백저포라는 모시로 만든 옷을 입었다.
④ 혼인할 때 여성이 데리고 온 노비에 대한 소유권은 남편에게 귀속되었다.

01 다음 시기에 집권했던 국왕에 대한 설명으로 옳은 것은?

> 경성·경원 지방에 야인의 출입을 금하지 아니하면 혹은 떼 지어 몰려들 우려가 있고, 일절 끊고 금하면 야인이 소금과 쇠를 얻지 못하여서 혹은 변경에 불상사가 생길까 합니다. 원하건대, 두 고을에 무역소를 설치하여 저들로 하여금 와서 물물교역을 하게 하소서.

① 공신도감을 설치하여 개국 공신을 선정하였다.
② 지방 세력을 통제하기 위해 유향소를 폐지하였다.
③ 3만여 명의 여진족이 침입하자, 신립 등을 보내 격퇴하였다.
④ 『동국통감』의 편찬을 직접 주도했으나, 완성을 보지 못했다.

02 조선 시대의 정치 제도 운영에 대한 설명으로 옳은 것을 모두 고르면?

> ㉠ 의금부는 왕명에 의해서만 반역죄인을 심문할 수 있었다.
> ㉡ 승정원은 궁중 도서를 관리하면서 국왕의 자문에 응하고, 국왕의 교서를 작성하였다.
> ㉢ 사간원은 관원의 비행을 감찰하는 관청이었고, 사헌부는 정책을 비판하는 간쟁 기관이었다.
> ㉣ 정1품의 영의정·좌의정·우의정은 국왕을 교육하는 경연과 세자를 교육하는 서연의 책임을 맡았다.

① ㉠, ㉣   ② ㉡, ㉢
③ ㉠, ㉢, ㉣   ④ ㉡, ㉢, ㉣

03 다음 밑줄 친 '이 전쟁'에 대한 설명으로 옳은 것은?

> 이 전쟁의 결과, 전국의 농경지도 대부분 황폐해져 전쟁 이후 한동안 심각한 식량난과 재정 부족 문제가 나타났다. 그 밖에 불국사와 조선왕조실록을 보관하던 사고, 서적, 도자기, 그림 등 수많은 문화재가 불타거나 약탈되었다.

① 정봉수, 이립 등이 의병을 일으켜 맞서 싸웠다.
② 왕과 신하들은 남한산성으로 들어가 항전하였다.
③ 전쟁이 끝난 후 소현세자와 봉림대군, 삼학사 등이 인질로 잡혀갔다.
④ 조선 수군은 옥포에서 첫 승리를 거두고, 이어 당포·한산도 등지에서 승리하였다.

04 다음 (가) 왕의 업적으로 옳지 않은 것은?

> (가) 왕의 재위 기간에 성현은 『악학궤범』을 편찬하여 음악의 원리와 역사, 악기, 무용, 의상, 소도구까지 정리하였다.

① 인재를 양성하기 위해 독서당을 설치하였다.
② 도첩제를 폐지하여 승려로의 출가를 금지시켰다.
③ 군역을 정군과 보인으로 고정시키는 보법을 시행하였다.
④ 조선 왕조의 기본 법전인 『경국대전』을 편찬하여 반포하였다.

05 다음과 같이 주장한 인물에 대한 설명으로 옳은 것은?

> 중앙에서는 홍문관·육경·대간, 지방에서는 감사와 수령이 천거한 사람들을 한 곳에 모아 시험을 치르면 많은 인재를 얻을 수 있을 것입니다. 이는 한(漢)에서 시행한 현량과의 뜻을 이은 것입니다.

① 사관으로, 사초에 조의제문을 실었다.
② 윤임 등 국왕의 외척 세력을 제거하였다.
③ 도교 행사를 주관하던 소격서를 폐지하였다.
④ 16세기 말의 사회 혼란을 중쇠기로 인식하여 개혁을 주장하였다.

06 조선의 지방 제도에 대한 설명으로 옳지 않은 것은?

① 각 군현에 경재소를 설치하여 지방 세력을 견제하였다.
② 향·소·부곡 등 특수 행정 구역을 모두 일반 군현으로 편성하였다.
③ 각 도에 파견된 관찰사는 관할 지역 내의 수령들을 감찰하였다.
④ 군현 밑에 면·리·통을 두었으며, 읍을 중심으로 방위명을 붙인 면(面)이 출현하였다.

07 (가)에 해당하는 제도에 대한 설명으로 옳지 않은 것은?

도평의사사에서 왕에게 글을 올려 다음과 같이 ___(가)___ 을/를 제정할 것을 요청하니, 왕이 이 제의를 좇았다. … 대체로 경성(개성)에 살면서 왕실을 보위하는 자는 시산(현직에 있는 관리와 실직이 없고 관품만 있는 관리)을 따지지 않고 저마다 등급에 따라 토지를 받는다.

① 전지와 시지 모두 지급하였다.
② 경기 지방에 한정하여 지급하였다.
③ 조선 개국 세력의 경제적 기반이 되었다.
④ 전·현직 관리들에게 수조권을 지급한 것이다.

08 밑줄 친 '이 농서'가 편찬된 시기의 과학 기술에 대한 설명으로 옳지 않은 것은?

『농상집요』는 중국 화북 지방의 농사 경험을 정리한 책으로, 기후와 토질이 다른 조선에는 도움이 될 수 없었다. 이에 농사 경험이 풍부한 각 도의 농민들에게 물어서 조선의 실정에 맞는 농법을 소개한 이 농서가 편찬되었다.

① 주자소를 설치하고 금속 활자들을 만들었다.
② 천체 관측 기구인 혼의, 간의 등을 제작하였다.
③ 배다리가 제작되어 한강을 안전하게 건널 수 있었다.
④ 고구려의 천문도를 바탕으로 천상열차분야지도를 돌에 새겼다.

09 다음과 관련 있는 시험에 대한 설명으로 옳은 것은?

이 시험은 경서를 시험하는 생원과와 문장을 시험하는 진사과로 나뉘었는데, 초시와 복시라는 두 차례 시험을 통해 합격자를 가렸다.

① 이 시험의 합격자는 성균관에 입학할 자격을 얻었다.
② 이 시험의 초시와 복시는 인구 비례에 의해 지역별로 할당되었다.
③ 조선 후기에는 재정상의 이유 등으로 합격자가 양산되어 만과(萬科)라고 불리기도 하였다.
④ 이 시험의 최종 합격자는 지역과 관련없이 성적에 따라 갑, 을, 병으로 나뉘었다.

10 다음 정책을 추진한 국왕 때의 사실로 가장 적절한 것은?

대외적으로 명과 후금의 싸움에 휘말리지 않으면서 실리적인 외교 정책을 펼쳤다.

① 호위청, 총융청 등 새로운 부대들이 설치되었다.
② 경운궁, 경덕궁 등 궁궐을 추가로 건설하였다.
③ 송시열, 이완 등이 중심이 되어 북벌 운동을 추진하였다.
④ 김육의 건의에 따라 대동법을 충청·전라도까지 확대·시행하였다.

11 다음 역사적 사실들을 순서대로 바르게 나열한 것은?

㉠ 청나라의 요구에 따라 수백 명의 조총 부대를 영고탑으로 파견하였다.
㉡ 허목·윤선도 등 남인이 조대비의 복상 문제를 들고 나와 서인을 공격하였다.
㉢ 서인은 남인 영수 허적이 역모를 꾸몄다고 고발하여 허적·윤휴 등을 사형시켰다.
㉣ 황해도와 경기도 일대에서 백정 출신의 임꺽정이 난을 일으켰다.

① ㉠ - ㉣ - ㉡ - ㉢
② ㉠ - ㉣ - ㉢ - ㉡
③ ㉣ - ㉠ - ㉡ - ㉢
④ ㉣ - ㉠ - ㉢ - ㉡

12 다음 시기의 경제 모습에 대한 설명으로 옳지 않은 것은?

> 향회라는 것이 한 마을 사민(士民)의 공론에 따른 것이 아니고, 수령의 손아래 놀아나는 좌수·별감들이 통문을 돌려 불러 모은 것에 불과합니다.

① 지방에서 송상, 만상, 내상 등이 활발히 활동하였다.
② 삼한통보, 해동통보 등의 화폐가 발행되어 널리 유통되었다.
③ 이앙법이 널리 보급되어 적은 노동력으로 많은 땅을 경작할 수 있게 되었다.
④ 일부 지역에서는 수확량에서 일정액을 지대로 납부하는 도조법이 등장하였다.

13 다음 글을 지은 인물을 중용한 국왕의 업적으로 옳은 것은?

> 육지의 재화는 연경과 통하지 않고
> 바다의 상인은 왜의 물건을 실어 오지 않네.
> 비유컨대 들판의 우물물과 같아
> 긷지 않으면 저절로 말라 버리네.

① 상평통보를 법화로 제정하고 전국적으로 유통시켰다.
② 친위 부대인 장용영을 설치하여 왕권을 강화하였다.
③ 청주에서 이인좌가 반란을 일으키자, 이를 진압하였다.
④ 즉위 초에 탕평교서를 발표하여 정국의 혼란을 수습하였다.

14 다음 사건 이후에 일어난 역사적 사실로 옳은 것은?

> 정권을 잡은 노론 벽파 세력은 천주교도와 남인·시파 계열을 대대적으로 숙청하였다. 이에 따라 이승훈·이가환 등이 처형당하고, 정약용 등이 유배되었으며, 박지원·박제가 등도 관직에서 쫓겨났다.

① 나이 어린 왕이 즉위하자, 조만영을 중심으로 풍양 조씨가 득세하였다.
② 사형수에 대한 삼심제를 엄격히 시행했으며, 신문고를 부활시켰다.
③ 안용복 사건을 계기로 일본 막부와 울릉도 귀속 문제를 확정지었다.
④ 초계문신제도를 실시하여 당하관 관리 중에서 유능한 자를 재교육하였다.

15 다음 정책을 실시한 왕의 재위 기간에 있었던 역사적 사실로 옳지 않은 것은?

> 임금이 말하기를, "… 호포(戶布)가 조금 나을 것 같아 1필을 감하고 호전(戶錢)을 걷기로 하였으나 마음은 매우 유쾌하지 않다. … 이제 1필은 감하는 정사로 온전히 돌아가야 할 것이니, 1필을 감한 대체를 경들은 잘 강구하라."라고 하였다.

① 「수성윤음」을 반포하여 수도 방위 체제를 강화하였다.
② 서울 시민들의 협조를 얻어 청계천 준설 작업을 추진하였다.
③ 양인의 수를 늘리기 위해 노비는 어머니의 신분을 따르도록 했다.
④ 국왕이 직접 각 붕당의 주장이 옳은지 그른지를 명백히 가리는 정책을 펼쳤다.

16 밑줄 친 '이 시기'의 문화 양상으로 가장 적절치 못한 것은?

> 이 시기에는 양반 지주와 부유한 상인의 지원으로 규모가 큰 사원 건축물이 지어 졌다. 구례 화엄사 각황전과 보은 법주사 팔상전 등은 이 시기의 대표적인 사원 건축물로, 외형은 다층이지만 내부는 하나로 통하는 구조로 되어 있다.

① 독창적 기법인 상감법이 개발되어 자기에 활용되었다.
② 우리나라의 자연을 사실적으로 묘사한 「진경산수화」가 유행하였다.
③ 중국에서 『기하원본』이 수입되어 수학 연구에 영향을 주었다.
④ 시조에서는 일정한 형식에 구애받지 않는 사설시조가 등장하였다.

17 다음 정치 기구에 대한 설명으로 옳은 것은?

> 도제조는 현임과 전임 의정이 겸임한다. 제조는 따로 정해진 정원이 없으며, 왕에게 아뢰어 차출하되 이조·호조·예조·병조·형조의 판서, 훈련도감과 어영청의 대장, 개성·강화의 유수, 대제학이 예겸(例兼)한다. 4명은 유사당상이라 부르고 부제조가 있으면 예겸하게 한다. 8명은 팔도구관당상을 겸임한다.

① 의정부를 견제하고, 왕권을 강화하는 역할을 담당하였다.
② 왜적의 침입에 대비하여 16세기 초 임시 기구로 설치되었다.
③ 효종 때 표류해온 하멜 일행이 잠시 이 기구에 소속되어 서양식 무기를 만들었다.
④ 과거 시험에 우수한 성적으로 합격한 인재들이 이 기구에 진출했는데, 이들을 청요직이라고 불렀다.

18 다음 자료와 관련된 군사 조직에 대한 설명으로 옳은 것은?

> 외방 곳곳에서 도적들이 일어났다. … 얼마 안 되어 수천 명을 얻어 조총 쏘는 법과 창·칼 쓰는 기술을 가르치고 초관과 파총을 세워 그들을 거느리게 하였다. 또 당번을 정하여 궁중을 숙직하게 하고, 국왕의 행차가 있을 때에 이들로써 호위하게 하니 민심이 점차 안정되었다.

① 갑사와 정군으로 구성된 군사 조직이다.
② 포수, 사수, 살수의 삼수병으로 조직되었다.
③ 훈련별대를 정초군과 통합하여 만든 군사 조직이다.
④ 양반에서부터 노비에 이르기까지 편제 대상이 되었다.

19 다음 역사적 사건들을 순서대로 바르게 나열한 것은?

> ㉠ 일본과 기유약조를 체결하여 국교를 재개하였다.
> ㉡ 정도전·남은 등이 요동 정벌을 비밀리에 추진하였다.
> ㉢ 김종서를 함경도 관찰사로 임명하여 두만강 유역에 6진을 개척하였다.
> ㉣ 세견선 감소에 불만을 품은 왜인들이 제주, 전라도 지역을 침탈하였다.

① ㉠ - ㉢ - ㉡ - ㉣   ② ㉡ - ㉢ - ㉠ - ㉣
③ ㉡ - ㉢ - ㉣ - ㉠   ④ ㉡ - ㉣ - ㉠ - ㉢

20 밑줄 친 (가)~(라)에 대한 설명으로 옳지 않은 것은?

> (가)심의겸이 이조 참의로 있을 때 예전의 잘못을 들어 김효원이 (나)이조전랑이 되는 것에 반대했지만, 뒤에 (다)김효원은 이조전랑이 되었다. 그 후 어떤 사람이 심의겸의 동생 심충겸을 전랑으로 천거하자, 김효원이 "(라)이조의 관직이 외척의 물건인가? 심씨 집안에서 차지하려 한단 말이냐?"라고 반대하였다.

① (가)를 중심으로 형성된 붕당은 명종 때부터 정치에 참여하여 외척 정치 청산에 소극적인 편이었다.
② (나)는 5품 이하 문관의 천거와 3사 청요직의 선발권 등 여러 특권을 가지고 있었다.
③ (다)를 중심으로 형성된 붕당에는 이이와 성혼의 문인들이 많이 가담하였다.
④ (라)의 속아문 중에는 왕실에서 필요로 하는 쌀·포·잡물 및 노비 관리를 맡은 관청인 내수사 등이 있었다.

파이널 모의고사 – 근·현대 정치사

● 빠른 정답 찾기 p.111 ● 정답 및 해설 p.74

01 다음 자료와 관련된 사건에 대한 설명으로 옳은 것은?

> 진무사 정기원의 장계에, "초지와 덕진을 제대로 지키지 못한 것도 저의 불찰인데, 광성보에서는 군사가 다치고 장수가 죽었으니 저의 죄가 더욱 큽니다."라고 하였다. 이에 전교하기를, "병가의 승패는 늘 있는 일이다. 저 흉측한 무리들이 지금 다소 물러가기는 했으나 목전의 방비를 더욱 소홀히 할 수 없다."라고 하였다.

① 일본 군함 운요호가 영종도를 공격하였다.
② 양헌수 부대가 삼랑성(정족산성)에서 침입한 적군을 물리쳤다.
③ 강화읍에 보관된 외규장각 도서 등 귀중한 문화재들이 약탈되었다.
④ 평양 관민이 제너럴 셔먼호를 불태워 침몰시킨 사건이 원인이 되었다.

02 다음 조약에 대한 설명으로 옳은 것은?

> 북경과 한성, 양화진에서 양국 상인의 무역을 허용하고, 지방관이 발행한 여행 허가증이 있으면 내지행상도 할 수 있다고 규정하고 있다.

① 거중 조정, 관세 부과 조항을 포함하였다.
② 조선에 대한 청나라의 종주권을 부정한 조약이었다.
③ 부산 외 2개 항구를 20개월 이내에 개항하도록 규정하였다.
④ 치외법권, 상인의 내지 통상권, 연안 어업권 등을 인정하였다.

03 밑줄 친 '이 기구'에서 추진한 개혁의 내용으로 옳지 않은 것은?

> 이 기구는 국정에 관한 일체의 개혁 안건을 의결하기 위해 만든 초정부적인 기구이다. 총재관 김홍집을 비롯하여 어윤중, 김윤식, 유길준 등이 참여하였다.

① 지방 제도를 8도에서 23부로 바꾸었다.
② 조혼을 금지하고 과부의 재가를 허용하였다.
③ 경무청을 설치하여 경찰 제도를 실시하였다.
④ 조세를 금납제로 정하고 도량형을 통일하였다.

04 다음 내용이 원인이 되어 발생한 역사적 사건에 대한 설명으로 옳은 것은?

> 안핵사 이용태가 부임해서는 박원명이 한 일을 모두 뒤집고 백성들에게 반역죄를 적용하여 죽이려고 하였다. 또한 부자들을 얽어매어 난을 일으켰다는 혐의로 협박하여 많은 뇌물을 요구하였다.

① 위정척사 사상을 가진 유생들이 주도했으며, 일반 농민들이 가담하였다.
② 서울 시위대를 비롯하여 원주, 강화도 등 지방 진위대가 봉기를 일으켰다.
③ 고종이 의병 해산을 권유하자 대부분 의병장들은 스스로 부대를 해산하였다.
④ 농민군들은 전라도의 백산에 모여 전봉준을 대장, 김개남과 손화중을 총관령으로 선출하였다.

05 다음 자료의 (가) 조약에 대한 설명으로 옳은 것은?

> 2층의 붉은 벽돌 건물인 중명전은 러시아 건축가 사바틴이 설계하였다. 이 건물은 황실 도서관, 고종 황제의 편전 등으로 사용되었다. 이곳에서 이토 히로부미가 ☐(가)☐ 조약의 체결을 강요하였다.

① 고종의 위임장도 없이 외부대신 박제순이 날인하였다.
② 일본은 러·일 전쟁의 전세가 유리해지자, (가) 조약의 체결을 강요하였다.
③ 일제는 (가) 조약을 통해 법령 제정, 고등 관리 임면 등에 대한 동의권을 확보하였다.
④ 3대 통감 데라우치와 총리대신 이완용이 체결한 조약으로, 대한제국의 국권은 상실되었다.

06 다음과 같이 주장한 단체에 대한 설명으로 옳지 않은 것은?

> 1. 인민의 생명과 재산에 해당한 일은 어디까지든지 보호할 일
> 2. 무단히 사람을 잡거나 구류하지 못하며, 잡으려면 그 사람의 죄목을 분명히 공문에 써서 그 사람에게 보이고 포박할 일
> 3. 잡은 후에도 재판하여 죄상이 뚜렷하기 전에는 죄인으로 다스리지 못할 일

① 정부 대신들까지 참석하는 관민 공동회를 종로에서 개최하였다.
② 정부에게 러시아의 재정 고문 파견, 한·러 은행 설립 등을 요구하였다.
③ 독립문을 세우는 데 보조금을 내면 누구나 이 단체의 회원이 될 수 있었다.
④ 황제 측근 이용익을 백동화를 남발하여 물가 폭등을 야기하였다는 이유로 고등 재판소에 고발하였다.

07 다음 밑줄 친 '그'에 대한 설명으로 옳은 것은?

> 그는 대한제국의 무관 출신으로 신민회 등에서 활동 하다 일제에 체포되었다. 이후 만주와 연해주를 중심으로 민족 운동을 전개하였다. 또한 연해주에서 최초의 국외 사회주의 정당인 한인 사회당을 창당하였다.

① 조선어 학회 사건으로 옥고를 치렀다.
② 임시 정부의 초대 국무총리를 역임하였다.
③ 민족 교육을 위해 서전서숙을 설립하였다.
④ 고종의 밀지를 받아 독립 의군부를 조직하였다.

08 다음 (가)에 들어갈 신문에 대한 설명으로 옳은 것은?

> (가) 은/는 우리나라 최초의 근대 신문으로, 국내 기사(정치·사회·경제), 국제 기사, 논설(사설이나 칼럼)로 구성되었다. 그중에서도 국제 기사가 가장 많았는데, 이는 당시 조선 정부가 세계 정세에 높은 관심을 가지고 있었다는 것을 반영하는 것이다.

① 양기탁이 영국인 베델을 사장으로 내세워 창간하였다.
② 하층민과 부녀자를 독자층으로 삼았으며, 순한글을 사용하였다.
③ 박문국에서 발간된 신문으로, 갑신정변으로 발행이 중단되었다.
④ 국한문 혼용체를 사용하였고 식자층인 유생을 대상으로 창간되었다.

09 밑줄 친 '이 단체'의 활동에 대한 설명으로 옳은 것은?

> 이 단체는 김원봉이 신흥 무관 학교 출신들을 모아 창단 하였다. 또한 일제의 중요 기관을 파괴하고, 주요 인물을 처단하는 것을 행동 지침으로 하였다.

① 단원인 조명하가 타이완에서 일본 왕족을 죽이는 의거를 일으켰다.
② 대부분의 항일 단체들을 통합한 민족 혁명당 결성에 주도적 역할을 담당하였다.
③ 데라우치 총독 암살 미수 혐의로 이 단체의 주요 활동가들이 검거되었다.
④ 이 단체의 활동은 중국 국민당 정부가 대한민국 임시 정부를 인정하고 지원하는 계기가 되었다.

10 밑줄 친 '이 부대'에 대한 설명으로 옳은 것은?

> 이 부대는 항일 중국군과 함께 대일 항전을 전개하기로 합의하였다. 당시 쌍성보는 만주의 물산이 모이는 전략적 요충지였기 때문에 일본군 주력 부대가 지키고 있었다. 한·중 연합 부대는 쌍성보를 공격하기로 계획하였고, 쌍성 보 인근에 집결하여 일본군과 격전을 벌였다.

① 지청천이 총사령관이 되어 부대를 이끌었다.
② 영릉가 전투, 흥경성 전투에서 일본군과 싸워 승리하였다.
③ 주로 남만주 지역에서 활동하다가 1930년대 중반 이후 세력이 약화되었다.
④ '일제에 반대하는 사람은 사상·노선·민족과 관계없이 단결하자.'는 주장에 따라 동북 항일 연군으로 개편되었다.

11 다음 자료가 발표된 이후에 추진된 정책으로 옳지 않은 것은?

> 조선 청년 독립단은 우리 2천만 민족을 대표하여 정의와 자유를 쟁취한 세계 모든 나라 앞에 독립을 성취할 것을 선언한다. … 최후의 일인까지 자유를 위해 뜨거운 피를 흘릴 것이니, … 일본이 만일 우리 민족의 정당한 요구에 불응한다면 우리는 일본에 대하여 영원의 혈전을 선포하노라.
> – 재일본 동경 조선 청년 독립단 대표 11인

① 한국에 수입되는 일본 상품에 매기던 관세를 폐지하였다.
② 일본인 토지 소유의 합법화를 위해 토지 가옥 증명 규칙을 제정하였다.
③ 신은행령이 제정되어 은행 운영의 주체를 자본금 200만 원 이상의 회사로 한정하였다.
④ 한국인에 대한 교육 기회의 확대를 표방하면서 보통학교의 교육 연한을 6년으로 늘렸다.

12 밑줄 친 '이 책'의 저자에 대한 설명으로 옳은 것은?

> 이 책은 한문으로 씌어졌으며, 초판은 1915년에 중국 상하이에서 출판되었다. 1863년 고종 즉위에서 1911년의 105인 사건까지를 다루었다. 역사는 정신이기 때문에 나라가 망했다고 없어질 수 없으며, 역사를 지키면 나라를 다시 살릴 수 있다는 희망을 제시하고 있다.

① 일제 식민 사관의 정체성론을 정면으로 부정하였다.
② 조선과 인근 문화를 연구한다는 목적으로 진단 학회를 조직하였다.
③ 『한국독립운동지혈사』를 저술하여 독립운동의 역사를 정리하였다.
④ 한국인의 얼을 강조했으며, 민족 정신에서 역사의 본질을 찾으려 하였다.

13 다음 역사적 사실들을 순서대로 바르게 나열한 것은?

> ㉠ 모스크바 3상 회의가 열려 한국 문제를 의결하였다.
> ㉡ 1차 미·소 공동위원회가 서울 덕수궁에서 열렸다.
> ㉢ 한국 문제로 유엔 임시 총회가 개최되었는데, 소련은 불참하였다.
> ㉣ 미국, 영국, 중국의 대표들이 전후 처리 문제를 논의하여 한국의 독립을 최초로 약속하였다.

① ㉠ – ㉣ – ㉡ – ㉢
② ㉠ – ㉣ – ㉢ – ㉡
③ ㉣ – ㉠ – ㉡ – ㉢
④ ㉣ – ㉠ – ㉢ – ㉡

14 (가)에 들어갈 민족 운동에 대한 설명으로 가장 적절하지 않은 것은?

	주요 활동
	1906년 최익현 의병 부대 참여함. 1923년 김상옥 의거 관련자들을 변호함. 1929년 (가) 운동의 진상 조사 위원이 됨. 1930년 신간회 중앙집행위원장으로 임명됨.

김 병 로 [1887~1964]

① 3·1 운동 이후 전개된 최대 규모의 항일 운동이었다.
② 학생들은 독서회 등을 통해 조직적으로 연락하면서 항일 시위에 동참하였다.
③ 학생들은 민족 차별 중지, 식민지 교육 제도 철폐 등을 요구하며 대규모 가두시위를 벌였다.
④ 순종이 사망하자 조선 공산당은 학생 단체, 천도교 일부 세력과 함께 대규모 만세 시위를 계획하였다.

15 일제 강점기의 사회 모습에 대한 설명으로 옳은 것을 모두 고르면?

> ㉠ 한성의 양반 부인들이 여성의 권리 향상을 위해 「여권통문」을 발표하였다.
> ㉡ 1940년대 남성은 국방색의 국민복, 여성은 몸뻬라는 일 바지를 입었다.
> ㉢ 대부분의 도시는 일본인 거주 지역과 한국인 거주 지역으로 구분되었다.
> ㉣ 도시에 몰려든 농민들은 대부분 도시 변두리나 하천 변에 거적을 두른 토막을 짓고 생활하였다.

① ㉢, ㉣
② ㉠, ㉡, ㉣
③ ㉡, ㉢, ㉣
④ ㉠, ㉡, ㉢, ㉣

16 다음 자료와 관련된 민주화 운동에 대한 설명으로 옳은 것은?

> 첫째는 국민이 원한다면 대통령직을 사임할 것이며, 둘째
> 는 지난번 정·부통령 선거에 많은 부정이 있었다고 하니,
> 선거를 다시 하도록 지시하였고, 셋째는 선거로 인연한 모
> 든 불미스러운 것을 없애게 하기 위해서, 이미 이기붕 의장
> 이 공직에서 완전히 물러나겠다고 결정한 것이다.

① 정부는 시민들에게 발포하는 한편, 비상계엄을 선포
　하였다.
② 정부는 공수 부대를 광주에 투입해 시위를 무자비하
　게 진압하였다.
③ 대학생 이한열군이 시위 도중 경찰이 쏜 최루탄에 맞
　아 쓰러진 사건이 일어났다.
④ 대학생들은 '굴욕적 대일 외교 반대', '불법적 친일 정
　권 퇴진'을 주장하였다.

17 밑줄 친 '이 헌법'이 시행된 시기에 일어난 역사적 사실로
가장 적절한 것은?

> 이 헌법은 한 사람의 집권자가 긴급조치라는 형식적인 법
> 절차와 권력 남용으로 양보할 수 없는 국민의 기본 인권과
> 존엄성을 억압하였다. 그리고 이러한 권력 남용에 형식적인
> 합법성을 부여하고자 … 입법, 사법, 행정 3권을 한 사람의
> 집권자에게 집중시키고 있다.

① 경부 고속 국도를 개통하였다.
② 국가 재건 최고 회의를 설치하였다.
③ 국회에서 반민족 행위 처벌법을 제정하였다.
④ 부산과 마산 등지에서 학생·시민들이 대규모 시위를
　전개하였다.

18 빈칸에 들어갈 대통령 때의 역사적 사실로 옳은 것은?

> 　　　 대통령이 대한민국 대통령으로는 최초로 중국을
> 공식 방문하였다. 베이징에서 진행된 회담에서 양국 정상은
> 지난달 성사된 한중 수교의 의의를 높이 평가하면서 우호
> 협력 관계를 발전시키자고 하였다.

① 남북한이 유엔에 동시 가입하였다.
② 경제 협력을 위한 개성 공단 건설을 추진하였다.
③ 물리적 강제력으로 언론 매체를 폐지 또는 통합하였다.
④ 일제 잔재 청산을 위해 국민학교를 초등학교로 개칭
　하였다.

19 다음 통일 관련 문서에 대한 설명으로 옳은 것은?

> 남과 북은 나라의 통일을 위한 남측의 연합제 안과 북측
> 의 낮은 단계의 연방제 안이 서로 공통성이 있다고 인정하
> 고 앞으로 이 방향에서 통일을 지향시켜 나가기로 하였다.

① 이 문서에 따라 남북 조절 위원회가 설치되었다.
② 분단 이후 최초로 열린 남북 정상 회담의 결과로 발표
　되었다.
③ 비밀 특사들이 남북을 오간 결과, 자주·평화·민족
　대단결의 통일 원칙에 합의하였다.
④ 남북한 정부 간에 이루어진 최초의 공식 합의서로, 서
　로의 체제를 인정하고 상호 불가침에 합의하였다.

제
03
회

20 광복 이후 여러 정치 세력들의 동향에 대한 설명으로 옳
지 않은 것은?

① 김구와 이승만은 좌우 합작 위원회에 불참하였다.
② 여운형은 신민족주의와 신민주주의를 내걸고 국민당
　을 결성하였다.
③ 건국 준비 위원회는 조선 인민 공화국을 선포하고, 이
　승만을 주석으로 추대하였다.
④ 송진우, 김성수 등은 한국 민주당을 결성하고, 대한민
　국 임시 정부 지지를 선언하였다.

01 다음 문서에 대한 설명으로 옳지 않은 것은?

> 토지는 논·밭·촌주위답·내시령답 등 토지의 종류와 면적을 기록하고, 사람들은 인구·가호·노비의 수와 3년 동안의 사망·이동 등 변동 내용을 기록하였다.

① 호는 인정(人丁)의 다소에 따라 9등급으로 나누었다.
② 토착 세력인 촌주가 변동 사항을 조사하여 3년마다 작성하였다.
③ 촌락의 주민 이름, 성별, 나이와 노비의 수를 구체적으로 기록하였다.
④ 사람은 남녀로 나누고, 연령을 기준으로 하여 6등급으로 구분하였다.

02 밑줄 친 인물이 속한 신분 계층에 대한 설명으로 옳은 것은?

> 진덕 여왕 2년, 김춘추가 돌아오는 길에 고구려의 순라병을 만났는데, 종자인 온군해가 대신 피살되었고 그는 무사히 신라로 귀국했다.

① 도당 유학생의 대부분을 차지하였다.
② 관등 승진에서 중위제를 적용받았다.
③ 6관등인 아찬까지만 승진할 수 있었다.
④ 화랑도의 우두머리인 화랑은 이 신분에서 선발되었다.

03 다음 사건이 일어났던 시기에 신라에서 전개된 경제 상황에 대한 설명으로 가장 적절한 것은?

> 무예가 장수 장문휴를 보내 해적을 이끌고 등주자사(登州刺史) 위준을 공격하자, 당이 문예를 보내 병사를 징발하여 토벌하게 하였다.

① 처음으로 백성에게 정전을 지급하였다.
② 경주에 동시를 설치하고, 이를 감독하는 관청인 동시전을 설치하였다.
③ 장보고는 청해진을 설치하고 남해와 황해의 해상 무역권을 장악하였다.
④ 귀족의 경제 기반이었던 녹읍을 폐지하고 문무 관리에게 관료전을 지급하였다.

04 고려 시대의 토지 제도에 대한 설명으로 옳은 것은?

① 각 관청에는 공해전을 지급하여 필요한 경비를 마련하도록 하였다.
② 전시과 체제에서는 경기도에 한정하여 과전을 지급하였다.
③ 전시과는 매매·상속·증여·양도가 가능하였으며, 소유자는 국가에 조세를 납부하였다.
④ 6품 이하 하급 관료의 자제로서 관직에 오르지 못한 사람에게는 구분전(口分田)을 지급하였다.

05 다음 자료와 관련된 시기의 농업 상황에 대한 설명으로 옳은 것은?

> 무릇 토지의 등급은 묵히지 않는 토지를 상(上)으로 하고, 한해 묵히는 토지를 중(中)으로 하며, 두해 묵히는 토지를 하(下)로 한다.

① 소를 이용한 깊이갈이가 일반화되었다.
② 이암이 중국에서 농서인 『농가집성』을 들여왔다.
③ 밭농사에서 2년 3작의 윤작법이 널리 행해졌다.
④ 쌀의 수요가 늘면서 밭을 논으로 바꾸는 현상이 활발하였다.

06 다음 자료와 관련 있는 조직에 대한 설명으로 옳지 않은 것은?

> 가입하기를 원하는 자에게는 반드시 먼저 규약문을 보여 몇 달 동안 실행할 수 있는가를 스스로 헤아려 본 뒤에 가입하기를 청하게 한다. … 사람을 시켜 약정에게 바치면 약정은 여러 사람에게 물어서 좋다고 한 다음에야 글로 답하고, 다음 모임에 참여하게 한다.

① 향촌 사회의 질서 유지와 치안까지 담당하였다.
② 이름난 선비나 공신을 숭배하고, 그 덕행을 추모하였다.
③ 양반뿐만 아니라 일반 백성들도 구성원으로 참여하였다.
④ 전통적 공동 조직을 바탕으로 유교 윤리를 가미하여 만든 것이었다.

07 조선 시대의 수취 제도에 대한 설명으로 옳은 것을 모두 고르면?

> ㉠ 세곡의 운송은 육상 교통에 의존하였다.
> ㉡ 과전법이 시행되면서 병작제는 원칙적으로 금지되었다.
> ㉢ 세종 때 공평한 과세를 위해 토지를 비옥도에 따라 9등급으로 나누고 납부액을 조정하였다.
> ㉣ 16세기에 들어와 다른 사람에게 군역을 대신하게 하는 대립이 불법적으로 나타났다.

① ㉠, ㉡
② ㉠, ㉢
③ ㉡, ㉣
④ ㉢, ㉣

08 밑줄 친 '이 법'과 관련된 내용으로 가장 적절한 것은?

> 이 법을 실시하기 전에, 먼저 양역의 종류와 배정된 양인의 수를 조사하여 『양역실총』을 편찬하였다. 이 책은 각 읍에 배정된 양역의 종류와 담당 인원수를 정리한 것으로 이 법 시행의 중요한 자료가 되었다.

① 풍흉에 관계없이 1결당 쌀 4~6두씩을 내게 하였다.
② 지주에게 결작이라 하여 토지 1결당 미곡 2씩을 부담시켰다.
③ 이 법의 시행 이후에도 진상, 별공 등 현물 납부가 완전히 사라지지는 않았다.
④ 집집마다 토산물을 부과하던 공물 납부 방식이 토지 결수를 기준으로 바뀌었다.

09 다음 시기의 사회 모습에 대한 설명으로 옳지 않은 것은?

> 국왕에게 아뢰었다. "삼남에서 특산물로 종이를 바치는 공인이 청원하기를 '승려들의 숫자가 줄어 종이의 양이 부족한 데도 각 지방의 군영과 관아에서 먼저 가져갑니다. 이로 인해 중앙에 공물로 납부할 종이가 부족해 공인이 처벌되는 일이 이어지고 있습니다. … 종이를 몰래 사들여 책문에 가서 시장을 만드는 행위를 엄금해 은밀히 국경을 넘는 폐단을 없애 주십시오.'라고 하였습니다."

① 관직 진출에 신분 차별을 받았던 서얼, 중인 등이 통청 운동을 전개하였다.
② 일부일처제가 일반적이었으며, 결혼 후에는 남자가 처가에서 오랜 기간 생활하였다.
③ 부농층들은 관권과 결탁하여 향안에 이름을 올리고, 향회를 장악하고자 하였다.
④ 중앙 정치에서 배제된 몰락 양반이나 향반·서얼·중인 등이 농민 봉기에 참여하기도 하였다.

10 밑줄 친 '이 종교'에 대한 설명으로 옳은 것은?

> 이 종교는 17세기 경 중국을 왕래하는 사신들에 의해서 서학으로 소개되었다. 처음에는 실학자들이 학문적으로 연구하다가 18세기 후반에 이르러 남인 계열의 일부 실학자들에 의해 신앙으로 받아들여지기 시작하였다.

① 새로운 세상을 열어준다는 진인(眞人)의 출현을 예고하였다.
② 인내천 사상을 바탕으로 인간의 존엄성과 평등을 강조하였다.
③ 조상에 대한 제사를 거부하는 등 성리학의 기본 이념과 충돌하기도 하였다.
④ 유교, 불교, 도교의 주요 내용을 바탕으로 주문과 부적 등 민간 신앙의 요소까지 포함하였다.

제 **04** 회

11 개항 이후, 열강의 경제적 침탈에 맞서 전개된 경제적 구국 운동에 대한 설명으로 옳지 못한 것은?

① 지나친 곡물 유출로 인한 피해를 막기 위해 방곡령이 내려지기도 하였다.

② 서울의 시전 상인들은 황국 중앙 총상회를 조직하여 상권 수호 운동을 전개하였다.

③ 1880년대 평양의 대동상회, 서울의 장통상회를 비롯한 상회사들이 설립되어 상권을 지키고자 하였다.

④ 대한제국 정부는 미국과 프랑스에게서 각각 경인선, 경의선 부설권을 넘겨받아 철도를 직접 부설하였다.

12 다음 자료와 관련된 민족 운동에 대한 설명으로 옳은 것은?

> 부유한 자와 가난한 자 모두, 우리가 우리의 손에 산업의 권리, 생활의 제1조건을 장악하지 않으면 우리는 도저히 우리의 생명·인격·사회의 발전을 기대하지 못할 것이다. … 조선 사람은 조선 사람 지은 것을 사 쓰도록 하고, 조선 사람은 단결하여 그 쓰는 물건을 스스로 제작하여 공급하는 것을 목적으로 한다.

① 3·1 운동 이후 최대 규모의 민족 운동이다.

② 평양에서 시작되어 전국적으로 확대되었다.

③ 대한 매일 신보와 황성신문 등의 언론 기관들이 지원하였다.

④ '한민족 1000만이 한 사람이 1원씩'이라는 구호 아래 전개되었다.

13 (가)에 들어갈 법령이 시행된 이후의 경제적 사실로 옳은 것은?

> 유상 매수, 유상 분배를 원칙으로 이루어진 ___(가)___ (으)로 인해 소작 제도가 폐지되고 농사를 짓는 사람이 토지를 소유하는 원칙이 수립되어 일제 강점기 이래 높은 소작률로 고통을 받던 농민에게 희망을 주어 근대 농업 경제 발전의 발판을 마련하였다.

① 일본인 소유였던 농지 등을 관리하기 위해 신한 공사를 설립하였다.

② 화폐 유통의 혼란과 물가 폭등을 바로 잡기 위해 화폐 정리 사업을 추진하였다.

③ 미국에서 원조로 온 농산물을 판매한 돈을 '대충 자금'으로 적립하였다.

④ 식량 배급을 실시했으며, 농가마다 공출량을 할당하고 농산물을 헐값에 가져갔다.

14 밑줄 친 가문들이 속한 신분에 대한 설명으로 가장 적절하지 못한 것은?

> 여러 대를 내려오면서 재상을 지낸 집안의 딸을 취하여 부인을 삼을 것이며, 재상의 아들은 왕족의 딸과 혼인함을 허락할 것이다. … 철원 최씨, 해주 최씨, 공암 허씨, 평강 채씨, 청주 이씨, 당성 홍씨, 황려 민씨, 횡천 조씨, 파평 윤씨, 평양 조씨는 다 여러 대의 공신 재상의 종족이니, 가히 대대로 혼인할 것이다.

① 강과 하천을 경계로 삼을 만큼 대규모의 농장을 소유하였다.

② 중서문하성과 중추원을 중심으로 고위 관직을 차지하여 권력을 독점하였다.

③ 원 간섭기에 부원 세력으로 성장한 고려 후기의 대표적인 지배 세력이었다.

④ 현실적인 관직을 통해 정치 권력을 행사했다는 점에서 이전 시기의 지배층보다 관료적 성격이 강하였다.

15 (가)와 (나)시기에 볼 수 있는 일로 옳은 것은?

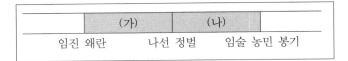

	(가)		(나)	
임진 왜란		나선 정벌		임술 농민 봉기

① (가) – 상납미를 관리하는 기관으로 선혜청이 신설되었다.

② (가) – 경시서를 두어 시전과 지방의 장시를 통제하였다.

③ (나) – 전라도에서 장시가 처음 등장하였다.

④ (나) – 사원 수공업이 발달하여 사원에서 베·모시·기와 등을 생산하였다.

16 밑줄 친 '이 시기'의 경제 상황에 대한 설명으로 옳은 것은?

> 이 시기 정부는 저화, 조선통보 등의 화폐를 만들어 유통시키려고 했으나, 널리 사용되지 못하였다. 시장에서 물건을 사고 팔 때에는 여전히 쌀과 면포를 화폐처럼 사용하였다.

① 문익점이 목화씨를 들여와 목화 재배가 시작되었다.

② 1인당 경작 면적이 늘어나는 광작 현상이 나타났다.

③ 예성강 하구의 벽란도를 비롯한 항구들이 상업의 중심지로 성장하였다.

④ 거름을 주는 시비법이 발달하여 농경지를 묵히지 않고 매년 농사지을 수 있었다.

17 고대의 군사 제도에 대한 설명으로 옳지 못한 것은?

① 고구려는 5관등인 조의두대형 이상만이 장군이 될 수 있었다.

② 발해는 중앙군으로 10위를 두어 왕궁과 수도의 경비를 맡게 하였다.

③ 백제는 지방을 5부로 나누고, 지방관이자 군사 책임자로 욕살을 파견하였다.

④ 통일 이전 시기, 신라는 6개의 주에 6개의 군사 단체를 두어 6정이라고 하였다.

18 (가), (나)의 나라에 대한 설명으로 옳지 못한 것은?

> (가) 정월 보름에 하늘에 제사 지낸다. 온 나라가 대회를 열고, 연일 마시고 노래하고 춤추니 영고라 한다.
>
> (나) 여자의 나이가 열 살이 되기 전에 서로 혼인을 약속하고, 신랑 집에서는 그 여자를 맞이하여 장성하도록 길러 아내로 삼는다. … 여자의 친정에서는 돈을 요구하는데, 신랑 집에서 돈을 지불한 후 다시 신랑 집으로 돌아온다.

① (가) : 국왕 밑에 비왕, 상, 경, 대부, 대신, 장군, 박사 등의 관직을 두었다.

② (가) : 남의 물건을 훔쳤을 경우에는 물건 값의 12배를 배상하게 하였다.

③ (나) : 왕이 없었으며, 각 읍락마다 읍군·삼로라고 불리는 군장이 있었다.

④ (나) : 가족이 죽으면 가매장을 하였다가, 뼈만 추려서 가족 공동 무덤에 넣었다.

19 밑줄 친 인물의 재위 기간에 있었던 역사적 사실에 대한 설명으로 옳은 것은?

> 상왕이 나이가 어려 대부분의 정책을 모두 의정부 대신에게 의논하게 하였다. 이제 내가 왕통을 계승하여 국가의 모든 일을 처리하며 우리나라의 옛 제도를 복구하고자 한다. 지금부터 형조의 사형수를 제외한 모든 서무는 6조에서 각각 그 직무를 담당하고 직접 나에게 아뢰도록 하라.

① 이종무를 파견하여 쓰시마 섬을 정벌하였다.

② 집현전과 경연이 폐지되고 종친들이 등용되었다.

③ 『동국병감』, 『고려사절요』 등의 서적이 편찬되었다.

④ 김종서·황보인 등 고명대신 중심의 재상 정치가 전개되었다.

20 다음 역사적 사실을 순서대로 바르게 나열한 것은?

> ㉠ 기존의 군사 기관의 권한을 축소하고 별도로 원수부를 설치하였다.
>
> ㉡ 정부는 개화 정책을 총괄하는 기구로 통리기무아문을 설치하였다.
>
> ㉢ 재정은 모두 호조에서 관할케 하고 그 밖의 재무 관청은 폐지할 것을 규정하였다.
>
> ㉣ 왕실과 정부 사무를 분리하여 왕실 사무는 궁내부에서, 국정은 의정부에서 관장하도록 하였다.

① ㉡ - ㉢ - ㉠ - ㉣

② ㉡ - ㉢ - ㉣ - ㉠

③ ㉢ - ㉡ - ㉣ - ㉠

④ ㉢ - ㉣ - ㉡ - ㉠

01 밑줄 친 인물이 활동한 시기의 문화에 대한 설명으로 가장 적절한 것은?

> 최치원은 당나라 유학을 마치고 고국에 돌아온 후, 국왕에게 개혁안을 올려 정치 개혁을 요구했으나 뜻대로 되지 않았다. 혼란한 세상에 실망한 그는 전국 각지를 유람하다가 해인사에서 일생을 마쳤다.

① 천제를 관측하기 위해 첨성대를 세웠다.
② 불교의 새로운 종파인 선종이 크게 유행하였다.
③ 태학박사 이문진이 역사서인 『신집』을 편찬하였다.
④ 왕실의 안녕을 기원할 목적에서 경천사지 10층 석탑을 건립하였다.

02 다음 무덤에 대한 설명으로 옳은 것은?

> 1971년 7월, 공주시 송산리 고분군 배수로 공사 도중 무덤 하나가 우연히 발견되었다. 무덤 입구를 열자, 무덤 주인을 알려주는 지석이 놓여 있었으며, 금관 장식·귀고리·팔찌 등 3000여 점의 유물들이 출토되었다.

① 중국 남조의 영향을 받아 만들어진 벽돌무덤이다.
② 구조상 도굴이 어려워 많은 껴묻거리가 발굴되었다.
③ 무덤 내부에 수렵도, 사신도 등의 벽화가 그려져 있다.
④ 돌로 방을 만들고, 외부와 연결되는 통로를 설치하였다.

03 다음 서적들을 편찬된 순서대로 바르게 나열한 것은?

> ㉠ 『동의보감』   ㉡ 『신증동국여지승람』
> ㉢ 『의방유취』   ㉣ 『열하일기』

① ㉡ - ㉢ - ㉠ - ㉣
② ㉡ - ㉢ - ㉣ - ㉠
③ ㉢ - ㉡ - ㉠ - ㉣
④ ㉢ - ㉡ - ㉣ - ㉠

04 밑줄 친 '그'에 대한 설명으로 옳은 것은?

> 그는 불교 서적을 폭넓게 이해하고, 일심(一心) 사상을 바탕으로 하여 여러 종파들의 사상적 대립을 조화시키며, 분파 의식을 극복하려고 노력하였다

① 경북 영주에 부석사를 창건하였다.
② 화랑이 지켜야 할 세속오계를 지었다.
③ 극락에 가고자 하는 아미타 신앙을 직접 전도하였다.
④ 대국통에 임명되어 출자가의 규범과 계율을 주관하였다.

05 다음 시기의 과학 기술에 대한 설명으로 옳지 않은 것은?

> 의 시기에 들어와 형태가 단순하고 꾸밈이 거의 없는 것이 특색인 백자가 널리 유행하였고, 흰 바탕에 푸른 색깔로 그림을 그린 청화 백자가 많이 만들어졌다. 이와 함께 서민들은 옹기를 많이 사용하였다.

① 김육 등의 노력으로 중국에서 사용하던 시헌력이 도입되었다.
② 중국으로부터 세계지도인 곤여만국전도, 천리경, 자명종 등이 전해졌다.
③ 천문학이 크게 발전하여 별자리 지도인 천상열차분야지도가 제작되었다.
④ 『산림경제』, 『해동농서』 등의 농서들이 편찬되어 농업 기술의 발전에 이바지하였다.

06 밑줄 친 성리학자에 대한 설명으로 옳은 것은?

> 그는 상대적으로 기(氣)의 기능을 중시하면서 당시 사회의 모순을 극복하기 위해 향약의 전국 시행, 수미법의 실시 등 다양한 개혁안을 제시하였다.

① 노장 사상을 포용하고 학문의 실천성을 강조하였다.
② 도덕적 행위의 근거로서 인간의 심성을 중시하였다.
③ 그의 사상은 일본에 전해져 일본의 성리학 발전에 영향을 미쳤다.
④ 정치 개혁안으로 『동호문답』을 저술했으며, 수미법을 주장하여 수취 제도의 개혁을 제시하였다.

07 다음 밑줄 친 '그'에 대한 설명으로 옳은 것은?

> 그는 송악산 아래의 자하동에 학당을 마련하여 낙성(樂聖), 대중(大中), 성명(誠明), 경업(敬業), 조도(造道), 솔성(率性), 진덕(進德), 대화(大和), 대빙(待聘) 등의 9재(齋)로 나누고 각각 전문 강좌를 개설토록 하였다.

① 원 간섭기에 성리학을 국내에 처음 소개하였다.
② 해동공자라는 칭송을 들었으며, 고려의 유학을 한 차원 높였다.
③ 유교 사상을 치국의 근본으로 삼아 시무 28조의 개혁안을 올렸다.
④ 만권당에서 원나라의 학자들과 교류하면서 성리학에 대한 이해를 심화하였다.

08 다음 역사서에 대한 설명으로 옳은 것은?

> 일정한 역사 서술 체계에 구애받지 않고 자유로운 형식으로 저술한 역사서로, 충렬왕 때 편찬되었다. 총 5권으로 구성되었으며, 민간 설화와 불교에 관한 내용들이 많이 수록되어 있다.

① 현존하는 가장 오래된 역사서로, 기전체 형식으로 서술되었다.
② 단군을 우리 민족의 시조로 여겨 단군의 건국 이야기를 수록하였다.
③ 동명왕의 업적을 칭송한 영웅 서사시로, 고구려 계승 의식을 드러내고 있다.
④ 김부식이 중심이 되어 편찬된 역사서로, 고려 초기에 쓰인 『구삼국사』를 기초로 저술되었다.

09 다음 자료의 빈칸에 들어갈 궁궐의 이름으로 옳은 것은?

> ⬚⬚⬚⬚의 정문은 돈화문으로, 다포식 건축 양식에 우진각 지붕의 형태를 하고 있다. 돈화문에는 정오(正午)와 인정(人定), 파루(罷漏)를 알리는 종과 북이 설치되기도 했다. 또한 조선 후기, ⬚⬚⬚⬚의 궐내에 규장각이 설치되어 학술 및 정책을 연구하였다.

① 창경궁   ② 창덕궁
③ 경복궁   ④ 경운궁

10 다음과 같이 주장한 인물에 대한 설명으로 옳은 것은?

> 농사를 힘쓰지 않은 자 중에 그 좀이 여섯 종류가 있는데, 장사꾼은 그 중에 들어가지 않는다. 첫째가 노비요, 둘째가 과거요, 셋째가 벌열이요, 넷째가 기교요, 다섯째가 승니요, 여섯째가 게으름뱅이들이다.

① 『성호사설』을 비롯한 많은 저술을 남겼다.
② 생산과 소비와의 관계를 우물물에 비유하였다.
③ 서얼 출신으로, 규장각 검서관으로 활동하였다.
④ 자영농을 육성하는 방법으로 균전론을 주장하였다.

11 (가), (나)에서 설명하고 있는 지도에 대한 내용으로 옳지 않은 것은?

> (가) 태종 때에는 제작된 세계 지도이다. 이 지도의 필사본이 일본에 현존하고 있는데, 지금 남아 있는 세계 지도 중 동양에서는 가장 오래된 것이다.
>
> (나) 김정호가 이전까지의 지도 제작 성과를 바탕으로 만든 지도이다. 22개의 첩을 모두 연결하면 가로 3.3m, 세로 6.7m의 거대한 지도가 되지만, 모두 접으면 책 한 권의 크기로 줄어들기 때문에 갖고 다니기에 편리하였다.

① (가): 중국을 중심으로 서아시아와 아프리카, 유럽까지 그려져 있다.

② (가): 우리나라에 해당하는 부분은 최초로 백리척을 사용하여 과학화에 기여하였다.

③ (나): 산맥, 하천, 포구, 도로망 등을 자세히 표시하였다.

④ (나): 10리마다 눈금을 매겨 지역 간 거리를 쉽게 알 수 있도록 하였다.

12 다음 저술과 관련 있는 인물에 대한 설명으로 옳은 것은?

> 역사란 무엇이뇨. 인류 사회의 아와 비아의 투쟁이 시간부터 발전하며 공간부터 확대하는 심적 활동의 상태의 기록이니, 세계사라 하면 세계 인류의 그리되어 온 상태의 기록이며, 조선사라 하면 조선 민족의 그리되어 온 상태의 기록이니라.

① 민족의 얼을 강조했으며, 『조선사연구』 등을 저술하였다.

② 유물 사관을 바탕으로 사회경제사학을 연구하였다.

③ 임시 정부에서 활동했으며, 민족 정신으로서 국혼을 강조하였다.

④ 『조선상고사』와 『조선사연구초』를 저술하여 우리 고대 문화의 우수성과 독자성을 강조하였다.

13 근대의 교육 기관에 대한 설명으로 옳은 것은?

① 원산학사는 최초의 근대적 사립학교이다.

② 동문학은 고종의 교육 입국 조서에 따라 설립된 관립 학교이다.

③ 정부는 배재 학당을 설립하고 헐버트 등 미국인 강사를 초빙하였다.

④ 양기탁은 독립의식 고취와 민중 계몽을 위해 대성 학교를 설립하였다.

14 다음에서 설명하고 있는 단체로 옳은 것은?

> 이 단체는 한글 교재를 제작하여 보급하고, 전국 각지에서 조선어 강습회를 열어 문맹 퇴치 운동을 지원하였다. 또한 우리말 큰사전 편찬을 민족적 대사업의 당면 과제로 삼았으며, 이를 위한 준비 작업으로 한글 맞춤법 통일안을 제정하였다.

① 조선어연구회   ② 기호흥학회

③ 국문연구소   ④ 조선어학회

15 다음 법령이 제정·시행된 시기에 볼 수 있는 사회 모습으로 옳지 않은 것은?

> 국체를 변혁하거나 사유 재산제도를 부인하는 것을 목적으로 결사를 조직하거나 또는 사정을 알고 이에 가입한 자는 10년 이하의 징역 또는 금고에 처한다.

① 극장에서 아리랑을 보는 여학생

② 국방색의 국민복을 입은 아저씨

③ 박문국에서 신문을 배포하는 공무원

④ 진단 학회 창립을 준비하는 역사학자

16 다음 시기의 문화 양상에 대한 설명으로 옳지 않은 것은?

> 대외 무역이 발전하면서 예성강 어귀의 벽란도가 국제 무역항으로 번성했으며, 대식국(大食國)으로 불리던 아라비아 상인들도 들어와 수은·향료·산호 등을 팔았다.

① 주심포 건축 양식이 유행하였다.
② 상원사종, 성덕대왕 신종 등 범종이 많이 주조되었다.
③ 관촉사 석조 미륵보살 입상처럼 거대한 불상이 조성되기도 하였다.
④ 월정사 팔각 구층 석탑과 같은 다각다층탑이 만들어졌다.

17 다음 교서를 내린 국왕에 대한 설명으로 옳은 것은?

> 병부령 군관을 죽이고 교서를 내렸다. "병부령 이찬 군관은 … 반역자 흠돌 등과 교섭하여 역모 사실을 미리 알고도 말하지 않았다. … 군관과 맏아들은 스스로 목숨을 끊게 하고, 이를 온 나라에 널리 알려라."

① 당나라와 나·당 동맹을 체결하였다.
② 중앙군을 9개의 서당으로 개편하였다.
③ 관료에게 지급하는 녹읍을 부활하였다.
④ 진골 출신으로는 처음으로 왕위에 올랐다.

18 다음 역사적 사실들을 순서대로 바르게 나열한 것은?

> ㉠ 도병마사를 도평의사사로 개편하였다.
> ㉡ 개혁의 중심 기구로 사림원을 설치하였다.
> ㉢ 서경에 대화궁을 짓고, 그 안에 팔성당을 설치하였다.
> ㉣ 고려에 내정 간섭을 하던 정동행성 이문소를 혁파하였다.

① ㉠ - ㉡ - ㉣ - ㉢
② ㉠ - ㉢ - ㉡ - ㉣
③ ㉢ - ㉠ - ㉡ - ㉣
④ ㉢ - ㉡ - ㉠ - ㉣

19 다음 자료에서 평가하고 있는 인물에 대한 설명으로 옳은 것은?

> 그가 대단한 능력을 발휘하여 힘써 교정하고 쇄신하니 치도(治道)가 맑고 깨끗하여 국가의 재정이 풍족하게 된 것은 득이며 장점인 것이요. … 쇄국을 스스로 장하다 하여 대세의 흐름을 부질없이 반대하였으니 이것은 단점이요 실정인 것이다.

① 일본에 조사 시찰단을 파견하였다.
② 의정부와 삼군부의 기능을 부활시켰다.
③ 개혁 방향을 담은 홍범 14조를 발표하였다.
④ 재정을 보충하기 위해 결작제를 신설하였다.

20 밑줄 친 '이 단체'에 대한 설명으로 옳은 것은?

> 대한민국 임시 정부에서는 만주 지역의 독립군과 각처에 산재해 있던 무장 투쟁 세력을 모아 충칭에서 이 단체를 창설하였다.

① 홍범도를 총사령관으로 임명하였다.
② 흥경성 전투에서 일본군과 격전을 벌여 대승을 거두었다.
③ 중국군과 연합하여 쌍성보 전투를 수행하였다.
④ 연합군의 요청으로 인도·미얀마 전선에 일부 대원을 파견하였다.

제 05 회

파이널
모의고사

전범위 모의고사 제6~12회

01 선사 시대의 문화에 대한 설명으로 옳은 것은?

① 공주 석장리 유적에서는 동아시아에서 처음으로 아슐리안 계통의 주먹도끼가 발견되었다.

② 신석기 시대의 부족은 씨족을 기본 구성단위로 했으며, 이들 씨족은 폐쇄적인 경제 공동체를 이루고 있었다.

③ 청동기 시대의 유적지인 평안남도 궁산 조개더미에서는 사슴뼈를 갈아 만든 바늘이 발견되었다.

④ 서천 화금리에서는 신석기 시대 초기 농경의 모습을 보여주는 석기 농기구와 잡곡 낱알이 발견되었다.

02 밑줄 친 '왕'에 대한 설명으로 옳은 것은?

> 안승의 조카뻘 되는 장군 대문이 금마저에서 반역을 도모하다가 일이 발각되어 죽임을 당하였다. 남은 무리들이 관리들을 죽이고 읍을 차지하여 반란을 일으켰다. 왕이 군사들에게 명하여 토벌하였다.

① 백제의 수도였던 사비(부여)에 소부리주를 설치하였다.

② 서원소경과 남원소경을 설치해 5소경을 완비하였다.

③ 품주에서 집사부를 독립시켜 국왕 직속의 최고 관부로 삼았다.

④ '동해의 용이 되어 왜적의 침입을 막겠다.'는 유언을 남겼다.

03 고대 국가의 통치 체제에 대한 설명으로 옳지 않은 것은?

① 고구려에는 대보라는 관직이 있어 정무와 군사를 담당하였다.

② 백제는 수상격인 상좌평을 정사암 회의에서 선출하였고, 조정좌평은 형옥 업무를 관장하였다.

③ 신라의 관등 제도는 왕경인에 대한 경위 17관등과 지방인에 대한 외위 11관등으로 구성되었다.

④ 통일 신라는 관리 감찰을 담당하는 중정대, 외교 의례를 담당하는 사빈시 등의 관서를 두었다.

04 밑줄 친 '그'가 활동한 시기의 경제 상황으로 옳은 것은?

> 그가 귀국하여 왕을 뵙고 아뢰기를, "중국의 어디를 가든지 우리나라 사람들을 노비로 삼고 있으니, 청해에 진영을 설치하여 해적이 사람들을 잡아 서쪽으로 데려가지 못하게 해주십시오."라고 하였다.

① 일부 상인들은 만주 읍루 상인들과 침묵 교역을 하였다.

② 사군부, 망부 등의 부서에서 관영 수공업을 관리하였다.

③ 부정기적으로 주현시가 열렸지만, 크게 번창하지는 못하였다.

④ 어아주, 조하주 등의 고급 비단을 생산하여 왕실과 귀족이 사용하였다.

05 고려 시대의 신분 제도에 대한 설명으로 옳은 것은?

① 남반은 중앙 부서의 말단에서 실무에 종사하였다.

② 향리들은 지방의 중심 세력으로 사심관에 임명되었다.

③ 아버지가 천인이라도 어머니가 양인이면 자식이 양인이 될 수 있는 법을 정착시켰다.

④ 간 또는 척이라고 불린 사람들은 노비처럼 주인 소유가 아니며, 넓게 보면 양인의 범주에 속하였다.

06 다음과 같이 주장한 학자에 대한 설명으로 옳은 것은?

> 후세 임금들은 천명을 받아 임금의 자리에 오른 만큼 그 책임이 지극히 무겁고 지극히 크지만, 자신을 다스리는 도구는 하나도 갖추어지지 않았습니다. 바라옵건대, 밝으신 임금께서는 이러한 이치를 깊이 살피시어, 먼저 뜻을 세워 "노력하면 나도 순 임금처럼 될 수 있다."라고 생각하십시오.

① 『주자대전』의 글을 거의 망라하여 『주자문록』을 편찬하였다.
② 왕에게 「일강십목소」라는 상소를 올려 군주의 통치 철학을 제시하였다.
③ 주희의 견해를 심학의 차원으로 발전시켰으며, 동방의 주자라 불렸다.
④ 아홉 차례의 과거 시험에 모두 장원하여 구도장원공이라는 별칭을 얻었다.

07 고대 문화의 일본 전파에 대한 설명으로 옳지 않은 것은?

① 신라인들은 배를 만드는 조선술을 일본에 전해주었다.
② 백제의 담징이 일본에 건너가 종이와 먹의 제조법을 전했다.
③ 고구려의 승려 혜자는 일본 쇼토쿠 태자의 스승이 되었다.
④ 통일 신라 때, 심상에 의해 화엄 사상이 일본에 전해졌다.

08 밑줄 친 '이 법'에 대한 설명으로 옳은 것은?

> 이 법은 역(役)을 고르게 하여 백성을 편안케 하기 위한 것이니 실로 시대를 구할 수 있는 좋은 계책입니다. 비록 여러 도(道)에 두루 행하지는 못하더라도 … 호남과 호서 지방에서 시행하면 백성을 편안케 하고 나라에 도움이 되는 방도로 이것보다 더 큰 것이 없습니다.

① 지주에게 결작이라 하여 토지 1결당 미곡 2두씩을 부담시켰다.
② 매년 정기적으로 바치는 상공이 없어지는 계기가 되었다.
③ 답험손실의 폐단을 줄이려는 제도로, 백성들의 여론 조사까지 거쳤다.
④ 결과적으로 농민들에게 수수료, 운송비 등 여러 명목으로 내는 부가세가 추가로 부과되었다.

09 조선의 통치 체제에 대한 설명으로 옳지 않은 것은?

① 정승들은 예문관·홍문관·승문원 등 중요 관청의 최고 책임을 겸임하였다.
② 수령은 목사·부사·군수·현령·현감을 통칭하며, 임기는 1800일이었다.
③ 천재지변이나 국가 중대사가 일어났을 때, 조정의 모든 관원과 백성들에게 의견을 써서 바치도록 하였다.
④ 정기 회의로는 의정부·6조의 고급 관원과 매일 만나는 차대, 매월 몇 차례씩 전·현직 대신을 만나는 상참 등이 있다.

10 다음 밑줄 친 '왕'의 업적으로 옳은 것은?

> 상황과 김조순이 예문관에서 함께 숙직하면서 각종 소설들을 가져다 보면서 한가히 시간을 보내고 있었다. 그런데 왕이 우연히 입시해 있던 주서(注書)로 하여금 상황이 하고 있는 일이 무엇인가를 보게 하였는데 상황이 때마침 그러한 책들을 읽고 있었으므로 그것을 가져다 불태워버리도록 명하고서는 두 사람을 경계하여 경전에 전력하고 잡서들은 보지 말도록 하였었다.

① 효명세자에게 대리청정을 시키면서 세도 가문을 누르고자 하였다.
② 도체찰사를 부활시키고, 그 본진으로 개성 부근에 대흥산성을 축조하였다.
③ 각 도별로 유생의 명단인 「빈흥록」을 편찬하여 지방 유생들을 포용하고자 하였다.
④ 당인들이 장악한 병권을 병조에 귀속시켰으며, 탁지정례에 따라 재정을 개혁하였다.

11 다음 정책이 추진되었던 시기의 상황으로 가장 적절한 것은?

> • 해동통보를 비롯한 돈 15,000관을 주조하여 관리들에게 나누어 주었다.
> • 은 한 근으로 우리나라 지형을 본 딴 은병을 만들어 통용시켰는데, 민간에서는 이를 활구(闊口)라 불렀다.

① 평양에 기자 사당을 세워 기자에게 제사를 지내기 시작하였다.
② 문신월과법을 제정하여 문신들에게 매월 시·부를 지어 바치게 하였다.
③ 오연총 등이 이끄는 별무반 부대는 천리장성을 넘어 함흥 지방을 점령하였다.
④ 부처의 힘을 빌려 적을 막고자 하는 염원에서 초조대장경을 만들기 시작하였다.

12 다음 역사적 사실들을 순서대로 바르게 나열한 것은?

> ㉠ 우리나라 최초의 신부인 김대건이 붙잡혀 처형되었다.
> ㉡ 이승훈·정약종 등이 사형을, 정약전·정약용 등이 유배형을 당하였다.
> ㉢ 명나라에 사신으로 갔던 허균은 『천주교 12단』이라는 책을 얻어 왔다.
> ㉣ 안정복은 『천학문답』을 저술하여 성리학의 입장에서 천주교를 비판하였다.

① ㉡ - ㉢ - ㉣ - ㉠
② ㉡ - ㉣ - ㉠ - ㉢
③ ㉢ - ㉣ - ㉠ - ㉡
④ ㉢ - ㉣ - ㉡ - ㉠

13 제시된 업무를 주관한 기구에 대한 설명으로 옳지 않은 것은?

> 1. 이후 국내외 공사(公私) 문서에 개국 기원을 사용한다.
> 2. 문벌과 양반·상민들의 계급을 타파하여 귀천에 구애됨이 없이 인재를 뽑아 쓴다.
> 4. 죄인 자신 이외 일체의 연좌율(緣坐律)을 폐지한다.
> 6. 남자 20세, 여자 16세 이하의 조혼을 금지한다.

① 김홍집을 총재관으로 하였다.
② 경복궁 수정전을 청사로 두었다.
③ 한성 사범 학교 관제를 발표하였다.
④ 민영준과 진령군의 처벌을 촉구하였다.

14 다음 밑줄 친 '은행'이 설립·운영된 시기의 사회 모습으로 적절한 것은?

> 대표적 민족 은행인 대한천일은행은 한성의 유력한 대상인인 김두승, 김기영 등이 중심이 되어 설립되었다. 대한천일은행은 백동화를 전국에 고르게 유통시키고, 백동화를 근간으로 하는 금융 신용 체계를 형성하고자 노력하였다.

① 경복궁 건천궁에 최초로 전등이 가설되고 점등되었다.
② 부산과 일본 나가사키 사이에 전신 시설이 처음 개통되었다.
③ 선교사 알렌의 주장에 따라 근대식 병원인 광혜원이 개원하였다.
④ 고종은 경운궁 안에 서양식 건물인 정관헌을 지어 다과를 들거나 연회를 열었다.

15 다음과 같이 주장한 인물에 대한 설명으로 옳은 것은?

> 우리에게 이웃 나라가 있어도 스스로 결교(結交)하지 못하고 타인을 시켜 결교하니 이것은 나라가 없는 것이요, 우리에게 토지와 인민이 있어도 스스로 주장하지 못하고 타인을 시켜 대신 감독하게 하니, 이것은 임금이 없는 것이다. … 남의 노예가 되고 남의 신첩이 된다면 살았다 하여도 죽는 것만 못하다.
> ─ 「포고팔도사민」

① 일본군에 의하여 쓰시마 섬에 끌려가서 순절하였다.
② 고종의 시종 무관이었으며, 을사조약 체결 이후 자결하였다.
③ 충남 내포 지방에서 의병을 규합하여 홍주성을 점령하였다.
④ 13도 창의군의 총대장이었으나, 부친상을 당하여 고향으로 돌아갔다.

16 밑줄 친 '이 단체'와 관련된 내용으로 옳은 것은?

> 이 단체는 민중의 직접 폭력 혁명에 따라 강도 일본을 무너뜨리고, 민중적 조선의 건설을 목표로 삼았다.

① 조선 혁명당으로 개편되어 남만주 일대에서 활동하였다.
② 계급 타파와 토지 평균 등을 지도 이념으로 하는 20개 조의 강령을 만들었다.
③ 이 단체의 활동을 계기로 중국의 국민당 정부는 임시 정부를 인정하고 후원하게 되었다.
④ 이 단체의 단원인 김익상은 종로 경찰서에 폭탄을 투척하여 많은 일본 경찰을 살상하였다.

17 일제의 경제 수탈 정책에 대한 설명으로 옳은 것은?

① 1920년대 호남선, 경원선, 함경선 등의 철도가 개통되었다.
② 일제는 춘궁 퇴치·자력갱생 등을 내세워 산미 증식 계획을 추진하였다.
③ 중·일 전쟁 발발 이후, 흥남 질소 비료 공장(조선 질소 비료 공장)이 세워졌다.
④ 식량배급제, 미곡공출제에 이어 조선 식량 관리령을 제정하여 공출 범위를 전체 식량으로 확대하였다.

18 다음 사건 이후에 전개된 역사적 사실로 옳은 것은?

> 야당인 민주당의 신익희 후보는 '못살겠다. 갈아보자.'라는 구호를 내걸고 인기를 크게 얻어 대통령 당선이 유력해졌다. 그러나 대통령 선거를 며칠 앞두고 세상을 갑작스럽게 떠났다.

① 언론 규제를 골자로 하는 개정된 국가보안법이 통과되었다.
② 2대 국회 의원 선거에서 정부를 비판하는 무소속 후보 중 다수가 당선되었다.
③ 대한청년단, 대한독립촉성국민회 등 우익 단체를 묶어 자유당을 조직하였다.
④ 대통령은 평화선(=이승만 라인)을 발표하여 일본의 불법적 어로 활동을 금지하였다.

19 다음 민주화 운동과 관련된 내용으로 옳지 않은 것은?

> 국가의 미래요 소망인 꽃다운 젊은이를 야만적인 고문으로 죽여 놓고 그것도 모자라서 뻔뻔스럽게 국민을 속이려 했던 현 정권에게 국민의 분노가 무엇인지를 분명히 보여 주고, 국민적 여망인 개헌을 … 민주 장정을 시작한다.

① 시민들은 호헌 철폐와 독재 타도를 외치며 민주화를 요구하였다.
② 계엄군의 발포로 많은 사상자가 발생하자 시위대는 시민군을 조직하였다.
③ 야당과 재야 민주 세력을 중심으로 민주 헌법 쟁취 국민운동 본부가 발족되었다.
④ 대학생 이한열이 시위 중에 경찰이 쏜 최루탄에 맞아 쓰러지는 사건이 발생하였다.

20 다음 역사적 사실들을 순서대로 바르게 나열한 것은?

> ㉠ 우루과이 라운드 협상에 따라 쌀 시장이 개방되었다.
> ㉡ 전태일은 "우리는 기계가 아니다."라고 외치며 분신자살하였다.
> ㉢ 여성 노동자들의 노동 운동을 탄압한 YH 무역 사건이 일어났다.
> ㉣ 한글 학회가 일제에 의해 강제로 중단되었던 『우리말 큰 사전』을 완간하였다.

① ㉡ - ㉢ - ㉣ - ㉠
② ㉡ - ㉣ - ㉢ - ㉠
③ ㉣ - ㉡ - ㉠ - ㉢
④ ㉣ - ㉡ - ㉢ - ㉠

01 밑줄 친 (가)에 들어갈 내용으로 적절한 것은?

> 경남 창원 다호리에서 다량의 유물들이 발견되었다. 붓을 비롯하여 통나무 목관, 오수전, 감과 밤 등이 담긴 옻칠 제사 용기 등이 발굴되었다.
> 이 유물이 사용된 시기에는 _____ (가) _____ .

① 청동기 제작과 관련된 전문 장인이 등장하였다.
② 영혼 숭배와 조상 숭배가 나타나 죽은 사람을 매장하는 풍습이 생겨났다.
③ 청동기가 독자적으로 발전하여 잔무늬 거울이 거친무늬 거울로 변하였다.
④ 토기의 입구 바깥에 덧띠를 붙인 덧띠 토기와 검은 간 토기 등이 사용되었다.

02 다음 밑줄 친 (가)~(라)에 대한 설명으로 옳은 것은?

> 문화재청 산하 국립 문화재 연구소는 (가)미륵사지 석탑을 해체하는 과정에서 금판으로 된 사리 봉안 기록판과 금제 사리 항아리 등을 발굴했다고 밝혔다. 금판 앞뒷면에 194자로 새겨진 사리 봉안 기록에는 시주자의 신분이 (나)무왕의 왕후이며, 좌평인 사택적덕의 딸이라는 사실이 새겨져 있다. 이것은 백제 서동 왕자(무왕)가 향가 「서동요」를 신라에 퍼뜨려 신라 (다)진평왕의 딸 선화 공주와 결혼했다는 (라)『삼국유사』의 내용과는 다른 것이다.

① (가)는 백제 기술자 아비지의 지도를 받아 세운 목조 탑으로, 몽골의 침입 과정에서 소실되었다.
② (나)는 신라의 군사적 요충지인 대야성을 공격하여 도독인 김품석을 살해하였다.
③ (다)는 관리의 인사를 담당하는 위화부, 공부를 담당하는 조부 등을 설치하였다.
④ (라)에서는 신이한 기록과 불교적 세계관에 입각한 생활상을 다루지 않았다.

03 다음 시기 신라에 집권하고 있던 국왕의 업적으로 옳은 것은?

> 당나라 천혜의 요새이자 수군의 거점인 등주성에 한바탕 난리가 벌어졌다. 발해 군대가 번개처럼 등주성을 기습했기 때문이다. 등주 자사까지 전사했다는 소식에 몹시 당황한 당 조정은 신라에 군사 지원을 요청하였다.

① 예작부를 설치하여 14부의 중앙 통치 조직이 완성되었다.
② 적고적이 난을 일으켜 경주 인근까지 쳐들어가기도 하였다.
③ 공자와 그 제자들의 초상화를 당나라에서 가져와 국학에 안치하였다.
④ 집사부의 중시를 시중으로 격상시키고, 국학을 태학(감)으로 바꾸었다.

04 다음 건의를 받아들인 국왕의 업적으로 옳은 것은?

> 청컨대 외관을 두소서. 비록 한꺼번에 다 보낼 수 없더라도 우선 10여 곳의 주현에 1명의 외관을 두고, 그 아래 2~3명의 관원을 두어서 백성을 다스리는 일을 맡기소서.

① 5도 양계의 지방 제도를 확립하였다.
② 물가 조절을 위해 상평창을 설치하였다.
③ 관리의 기강 확립을 위해 공복을 제정하였다.
④ 연등회, 팔관회 등 불교 행사를 적극 장려하였다.

05 밑줄 친 (가), (나)에 대한 설명으로 옳은 것은?

> 윤공(尹公)의 이름은 승해요, 자는 자장이니 수주 수안현이 본 고향이었다. 그는 어려서부터 학문에 힘을 써 나이 열여덟에 (가)사마시에 합격하였고, 거듭 이부의 과거에 응시하였으나 합격하지 못하였다. 가문 덕에 (나)음서를 통해 지수주사판관(知水州事判官)이 되었다.

① (가) : 법률·회계·지리 등을 시험하였다.
② (가) : 대상 연령은 원칙적으로 18세 이상이었다.
③ (나) : 3년마다 정기적으로 시행되었다.
④ (나) : 왕족과 공신의 후손도 대상이 되었다.

06 ㉠의 재위 기간에 있었던 역사적 사실로 옳지 않은 것은?

남은이 아뢰기를, "사졸은 이미 훈련되었고 군량도 갖추어졌으니, 때를 타서 동명왕(東明王)의 옛 강토를 회복할 만합니다." 하니, ㉠ 은/는 자못 그렇지 않다고 하였다. … 옛일에 외이(外夷)로서 중원(中原)에 들어가 왕이 되었던 일들을 차례로 들어 논함으로써 남은의 말이 믿을 만하다고 말하고, 또 도참(圖讖)을 인용하여 그 말에 갖다 맞추기도 하였다.

① 도평의사사의 군사 업무를 의흥삼군부로 이관시켰다.
② 도첩제를 실시하여 국가에서 승려를 관리하도록 하였다.
③ 국가의 체제 정비를 위해 『조선경국전』이라는 법전이 편찬되었다.
④ 논·밭의 분급을 담당하는 임시 관청으로 급전도감을 설치하였다.

07 밑줄 친 '지도'가 제작된 시기의 역사적 사실로 옳은 것은?

조선방역지도는 3단 형식으로 구성되었는데, 맨 위에는 제목이 있으며, 가운데는 한반도의 지도가 그려져 있고, 하단은 지도 제작에 참여한 인물들의 관직과 성명이 기재되어 있다. 또한 북쪽의 만주 지역과 남쪽의 쓰시마 섬을 포함하고 있는 것이 특징이다.

① 남이가 서북면의 여진을 토벌하는 공로를 세웠다.
② 정인홍이 조식의 문묘 종사를 건의했으나 무산되었다.
③ 농민의 군역 부담을 줄이기 위해 모든 장정에게 군포라는 이름으로 무명 2필씩 걷었다.
④ 제승방략 체제를 실시하여 각 지역의 군사를 한 곳에 집결시켜 한 사람의 지휘 하에 두게 하였다.

08 다음 시기에 집권했던 국왕의 업적으로 옳은 것은?

목극등이 박권과 이선부는 나이가 많다고 하여 동행을 허락하지 않고, 김경문 등을 데리고 백두산에 올라가 산등성이를 따라 내려가다 비로소 압록강의 수원(水源)을 찾는데, … 목극등이 가운데의 샘이 갈라지는[中泉了] 위치에 앉아 말하기를, '이곳이 분수령(分水嶺)이라 할 수 있다'하고, 여기에 경계를 정하고 돌을 깎아 비를 세웠다.

① 이괄의 난이 일어나 왕이 공주로 피난하였다.
② 허적, 윤휴 등이 주동이 되어 북벌론을 다시 들고 나왔다.
③ 김육의 건의로 대동법을 충청·전라도까지 확대 시행하였다.
④ 송시열, 송준길, 김집 등 충청도 지역의 젊은 산림들을 대거 등용하였다.

09 밑줄 친 문화재에 대한 설명으로 옳은 것은?

봉황산 중턱에 위치한 부석사는 신라 문무왕 때 의상이 창건한 화엄종 계열의 사찰이다. 이 사찰은 의상이 왕명을 받들어 화엄의 가르침을 펼쳤던 곳이라고 전해지고 있다.

① 조선 시대에 건립된 목조 5층탑인 팔상전이 있다.
② 경덕왕 때 재상 김대성이 현생의 부모를 위해 지었다고 전해진다.
③ 현존하는 가장 오래된 금속 활자 인쇄물인 직지심체요절을 간행하였다.
④ 아미타여래불이 모셔져 있는 본전은 고려 시대에 지어진 주심포식 팔작지붕의 건물이다.

10 밑줄 친 '이 시기'의 문화 양상으로 옳지 않은 것은?

이 시기 지방에서는 방각본 출판이 활발하였다. 방각본은 민간에서 소설을 판각해 인쇄한 책으로 안성, 전주 등 상업 중심지에서 성행하였다.

① 시간을 측정하기 위해 앙부일구라는 해시계를 만들었다.
② 동국지도에서는 최초로 100리척을 사용하여 정확도를 높였다.
③ 서양의 기술 서적인 『기기도설』을 참고하여 거중기를 제작하였다.
④ 세계 지도인 곤여만국전도가 전래되어 조선인의 세계관이 확대되었다.

제 **07** 회

11 빈칸에 들어갈 시대의 경제 상황에 대한 설명으로 옳은 것은?

> [ ] 시대에는 다양한 형태의 승탑과 탑비도 많이 제작되었다. 승탑은 팔각원당형을 계승한 여주 고달사지 승탑과 사각형의 특이한 형태를 띠면서 조형미가 뛰어난 원주 법천사 지광국사탑과 탑비 등이 대표적이다.

① 사원에서 베, 모시, 술, 소금 등을 생산하였다.
② 송나라와 주로 육로를 통해 활발히 교역하였다.
③ 설점수세제를 시행하여 광산 개발을 장려하였다.
④ 정부는 저화, 조선통보 등의 화폐를 만들어 보급하였다.

12 다음 반란이 일어난 시기의 사회 모습으로 옳지 않은 것은?

> 진주민 수만 명이 읍내에 모여 서리들의 가옥 수십 호를 불사르고 부셔서, 그 움직임이 결코 가볍지 않았다. … 백성의 재물을 횡령한 조목, 아전들이 세금을 포탈하고 강제로 징수한 일 등을 눈앞에서 여러 번 문책하였다.

① 친영 제도가 일반화되었다.
② 납속이 행해지고 공명첩이 남발되었다.
③ 재산 상속과 제사는 장자를 중심으로 이루어졌다.
④ 상장제례의 의례는 대부분 불교나 도교의 의식에 따랐다.

13 다음 자료와 관련된 단체의 활동으로 옳은 것은?

> 조선 본토에서 재력이 있는 사람들을 그곳에 이주시켜 토지를 사들이고 촌락을 세워 새 영토로 삼고 … 나아가 무관 학교를 설립하여 문무를 겸하는 교육을 실시하면서 기회를 엿보아 구한국의 국권을 회복하려고 하였다.

① 태극 서관을 통해 계몽 도서를 보급하기도 하였다.
② 일제가 황무지 개간권을 요구해 오자 끝까지 반대 운동을 전개하였다.
③ 겉으로는 연구 단체를 표방했지만, 실제로는 입헌 정치를 모색하였다.
④ 고종 퇴위에 반대하는 시위를 주도하다가 일제의 탄압으로 해산되었다.

14 밑줄 친 '이 정책'에 대한 설명으로 옳지 않은 것은?

> 이 정책은 지세의 부담을 공평히 하고 지적을 명확히 하여 그 소유권을 보호하고, 그 매매·양도를 간편·확실하게 함으로써 토지의 개량 및 이용을 자유롭게 하고 또 그 생산력을 증진시키려는 것으로서 조선의 긴요한 시책이라는 것은 말할 필요도 없다.
>
> – 조선 총독부 시정연보

① 토지 소유자가 토지 신고서를 작성하여 일정한 기한 내에 신고하도록 하였다.
② 이 정책에 따라 농민의 관습적인 경작권이 제도적으로 인정받게 되었다.
③ 임시 토지 조사국을 설치한 뒤에 토지 조사령을 공포하여 이 정책을 진행 하였다.
④ 이 정책의 결과 일본인의 농업 이민이 급증하고, 총독부의 지세 수입이 크게 늘었다.

15 다음 선언을 발표한 정부 때의 역사적 사실로 옳은 것은?

> 제10조, 남과 북은 의견 대립과 분쟁 문제들을 대화와 협상을 통하여 평화적으로 해결한다.
> 제15조, 남과 북은 민족 경제의 통일적이며 균형적인 발전과 민족 전체의 복리향상을 도모하기 위하여 자원의 공동 개발, 민족 내부 교류로서의 물자 교류, 합작 투자 등 경제 교류의 협력을 실시한다.

① 공직자 윤리법을 제정하여 고위 공직자의 재산을 공개하도록 하였다.
② 청문회를 개최하여 신군부의 쿠테타와 광주 학살 문제 등을 단죄하였다.
③ 언론 기본법을 만들어 표현의 자유를 억압하고, 보도 지침을 하달하였다.
④ 지방 자치 단체장 선거를 실시하여 도지사, 시장, 군수 등을 주민들이 선출하였다.

16 다음 밑줄 친 인물의 활동으로 옳은 것은?

> 가슴에 맺힌 한을 풀지 못한 <u>김상옥</u>의 혼령은 지금 어디 가서 있을꼬. … 쇠망치를 들어서 번 돈과 단련한 팔뚝으로 독립운동에 참가하여 수만 원의 돈을 그 일에 바치고 나중에는 효제동 한 모퉁이에서 빗발 같은 탄환을 받으며 비장한 최후를 이루었다. 아, 가슴에 품은 그 뜻은 어디 두고 이제 공동묘지 한 모퉁이에 누웠느뇨.

① 서울에 잠입하여 종로 경찰서에 폭탄을 던졌다.
② 상해 황포탄에서 일본 육군대장 다나카를 저격하였다.
③ 황포 군관 학교에 입교하여 정규 군사 훈련을 받았다.
④ 동양 척식 주식회사와 조선식산은행에 폭탄을 투척하였다.

17 밑줄 친 '이들'에 대한 설명으로 옳은 것을 모두 고르면?

> 지금 혜상공국을 설치함은 특별히 임금님께서 <u>이들</u>을 가없게 보시고 보호하는 것이니 그 감사하고 축하함이 과연 어떠하리오.   － 혜상공국 절목

> ㉠ 황국협회를 중심으로 독립협회 탄압에 앞장섰다.
> ㉡ 관허 상인으로 장시에서 일용 잡화, 약재 등을 판매하였다.
> ㉢ 황국 중앙 총상회를 조직하여 상권 수호 운동을 전개하였다.
> ㉣ 도중(都中)이라는 조합을 결성하고, 정부로부터 금난전권을 얻어냈다.

① ㉠, ㉡
② ㉢, ㉣
③ ㉠, ㉡, ㉣
④ ㉡, ㉢, ㉣

18 근대의 언론 기관에 대한 설명으로 옳지 않은 것은?

① 독립신문은 한글판과 영문판 두 종류로 발행되었다.
② 천도교에서 발행한 만세보는 일진회의 반민족 행위를 규탄하였다.
③ 최초의 신문인 한성순보는 국한문 혼용으로 발간되어 정부의 개화 정책을 홍보하였다.
④ 대한매일신보는 영국인 베델이 발행인으로 참여했기 때문에 일제의 검열에서 비교적 자유로웠다.

19 다음 시기의 정부가 추진한 정책으로 가장 적절하지 못한 것은?

> 노량진과 제물포를 연결하는 약 33km의 경인선 철도가 개통되었다.

① 궁내부 산하에 서북 철도국을 설치하였다.
② 국가 재정을 탁지아문으로 일원화하였다.
③ 대한천일은행 등 민간 은행의 설립을 지원하였다.
④ 우편학당, 전무학당 등 실업학교를 설립하였다.

20 다음과 같이 주장한 인물에 대한 설명으로 옳은 것은?

> 이제 우리는 무기 휴회된 미·소 공동 위원회가 다시 열릴 기색도 보이지 않으며, 통일 정부를 고대하나 여의치 않게 되었다. 우리는 남한만이라도 임시 정부 또는 위원회 같은 것을 조직하여 38도선 이북에서 소련이 물러나도록 세계 여론에 호소해야 될 것이니, 여러분도 결심해야 할 것이다.

① 신민족주의를 내세운 국민당을 창당하였다.
② 5·10 총선거에 출마하여 제헌 국회의원으로 당선되었다.
③ 건국 동맹을 결성하여 일제의 패망과 광복에 대비하였다.
④ 중도 우익의 대표로, 여운형과 함께 좌우 합작 위원회를 구성하였다.

제 **07** 회

01 다음 자료가 발표된 이후에 추진된 정책으로 옳은 것은?

> 제2조 모든 조약 건은 정부 대신과 중추원 의장이 합동 날인
> 하여 시행할 것
> 제3조 재정은 모두 탁지부에서 관장하고 예산과 결산을 인
> 민에게 공표할 것

① 광무라고 하는 독자적인 연호를 제정하였다.
② 원수부를 설치하여 군 통수권을 일원화하였다.
③ 조세 금납화를 위해 은본위 화폐 제도를 도입하였다.
④ 지방 행정 체계를 기존의 8도에서 23부로 대폭 개편
하였다.

02 다음 밑줄 친 '이 사건'에 대한 설명으로 옳은 것은?

> 박규수의 사랑방에 모여 개화사상을 나누던 젊은 청년들은
> 이 사건을 일으켰지만 결국 삼일천하로 끝났다. 이 사건의
> 실패 후 김옥균은 일본 전역을 떠돌았으며, 서재필·서광범
> 등은 일본·미국 등으로 망명하였다.

① 이 사건 이후 개화 세력은 온건파와 급진파로 분화되었다.
② 이후 일본과 제물포 조약을 체결하여 배상금을 지급
하였다.
③ 청에 대한 사대 폐지, 내각 중심의 정치 등을 내용으
로 하는 정강을 발표하였다.
④ 궁궐이 공격당하여 고관들이 살해되고, 왕비가 장호
원(경기도 이천)으로 피신하였다.

03 다음 법령이 제정된 시기의 역사적 사실로 가장 적절한
것은?

> 제2조 교육은 교육에 관한 칙어에 입각하여 충량한 국민을
> 육성하는 것을 근본으로 한다.
> 제6조 실업 교육은 농업·상업·공업 등에 관한 지식과 기
> 능을 가르치는 것을 목적으로 한다.
> 제9조 보통학교의 수업 연한은 4년으로 한다.

① 회사 설립을 할 때에는 조선 총독의 허가를 받아야만 했다.
② 언론·출판·집회·결사의 자유를 일부 허용하여 한
글 신문이 발행되었다.
③ 금속류 회수령을 제정하여 금속 공출을 실시하였다.
④ 독립 운동가를 재판 없이 구금할 수 있도록 조선 사상
범 예방 구금령을 공포하였다.

04 다음 공약을 내세운 단체에 대한 설명으로 옳은 것은?

> 1. 정의로운 일을 맹렬히 실행하기로 함
> … (중략) …
> 9. 1이 9를 위해, 9가 1을 위해 헌신함
> 10. 단의에 배반하는 자는 척살함

① 만주사변 이후, 김원봉 등이 만주에서 결성하였다.
② 단원이었던 박열은 일본 왕족의 암살을 시도했으나,
무산되었다.
③ 중국 국민당 정부의 지원을 받아 조선 혁명 간부 학교
를 설립하였다.
④ 단원인 강우규가 서울역에서 새로 부임하는 사이토
총독에게 폭탄을 던졌다.

05 다음 자료와 관련 있는 민족 운동에 대한 설명으로 옳지 않은 것은?

> 보아라! 우리의 먹고 입고 쓰는 것이 거의 다 우리의 손으로 만든 것이 아니었다. 이것이 세상에 제일 무섭고 위태한 일인 줄을 오늘에야 우리는 깨달았다. 피가 있고 눈물이 있는 형제자매들아, 우리가 서로 붙잡고 서로 의지하여 살고서 볼 일이다.

① 토산 애용 부인회 등 여성 단체들이 적극 참여하였다.
② 사회주의자들은 이 운동이 자본가의 이익만 위한다며 비판하였다.
③ '한민족 1천만이 한 사람이 1원씩'이라는 구호 아래 모금 운동을 펼쳤다.
④ 조만식을 중심으로 평안도의 경제·교육계 인사들이 모여 전개한 운동이다.

06 (가), (나) 사이의 시기에 추진된 통일 정책으로 옳은 것은?

> (가) 제5차 고위급 회담에서 남북 기본 합의서가 채택되었다.
> (나) 분단 이후 처음으로 남북 정상 간의 회담이 개최되었다. 회담 결과 통일 문제와 남북 관계의 기본 방향을 담은 남북 공동 선언이 발표되었다.

① 끊어진 경의선과 동해안 철도의 연결이 추진되었다.
② 자주, 평화, 민주의 원칙을 담은 민족 공동체 통일 방안을 제시하였다.
③ 혁신계 정당들이 남북 협상, 중립화 통일안 등을 제시하였다.
④ 대한적십자사가 북한에 남북 적십자 회담을 처음으로 제의하였다.

07 다음 자료와 관련된 민주화 운동에 대한 설명으로 옳은 것은?

> 상아의 진리탑을 박차고 거리에 나선 우리는 질풍과 같은 역사의 조류에 자신을 참여시킴으로써 이성과 진리, … 관료와 경찰은 민주를 위장한 가부장적 전제 권력의 하수인으로 나섰다. 민주주의 이념에서 가장 기본적인 공리인 선거권마저 권력의 마수 앞에 농단되었다.

① 정부는 서울 전역에 비상 계엄령, 휴교령, 위수령을 선포하고 시위를 진압하였다.
② 3·15 선거의 부정행위와 이를 규탄하던 마산 시위의 강제적 탄압 등을 계기로 발생하였다.
③ 시민과 학생들은 호헌 철폐, 독재 타도, 민주 헌법 쟁취 등의 구호를 내세우고 시위를 벌였다.
④ 재야 민주 인사들이 명동 성당에서 박정희 정권 퇴진 등을 요구하는 민주 구국 선언을 발표하였다.

08 다음 밑줄 친 '이 기구'에 대한 설명으로 옳은 것은?

> 구관당상은 <u>이 기구</u>의 고위 관원들 중에 각 도의 관찰사를 역임하는 등 지역 사정에 정통한 관리가 겸하는 직책이다. 8명의 당상이 전국 8도를 하나씩 맡아 해당 지역에서 올라오는 관찰사나 병사 등의 보고서를 우선 처리하였다.

① 이괄의 난을 계기로 편성되었다.
② 책임자로 도총관을 임명하였는데, 주로 문관이 겸직하였다.
③ 화성 유수와 대제학, 각 군영의 대장 등 고위 관리가 참여하였다.
④ 위로는 양반에서부터 아래로는 노비에 이르기까지 편제 대상이 되었다.

09 밑줄 친 '이 학문'에 대한 설명으로 옳은 것은?

> 중종 때 전래된 이 학문은 주로 서경덕 학파와 왕실 종친들 사이에서 점차 확산되었다. 이황은 이 학문이 정통 주자학 사상과 어긋난다고 비판하면서 이단으로 간주하였다.

① 지행합일(知行合一)의 실천성을 강조하였다.
② 객관적이고 실증적인 연구 방법을 강조하였다.
③ 의리 명분론을 강화하며 주자의 본뜻에 충실히 하는 것을 강조하였다.
④ 구한말에 이항로, 최익현 등의 학자들에 의해서 계승되었다.

10 밑줄 친 '이것'을 편찬한 국왕 때의 일로 옳은 것은?

> 우리나라 일관들은 역법과 천문으로 때를 맞추는 방법에 소홀한 지 오래되었다. 이에 왕께서는 역법과 천문의 책을 두루 연구하여서 신하들에게 대명력, 수시력, 회회력 등을 참고하여 이것을 편찬하도록 하였다.

① 대궐 밖에 신문고를 설치하였다.
② 재상 중심의 정치를 강조한 법전인 『경제문감』이 편찬되었다.
③ 서리·잡학인·신량역천인 등으로 구성된 잡색군을 설치하였다.
④ 의례상정소를 설치하여 예법(禮法)과 의식(儀式) 등의 규범을 정하였다.

11 다음 역사적 사실들을 순서대로 바르게 나열한 것은?

> ㉠ 중종의 후궁인 창빈 안씨 소생인 덕흥군의 아들이 왕으로 즉위하였다.
> ㉡ 이순신이 이끄는 수군이 한산도 앞바다에서 왜선 100여 척을 격파하였다.
> ㉢ 신립이 충주 탄금대에서 배수의 진을 치고 저항했으나, 일본군을 막아 내지 못하였다.
> ㉣ 부산포에 일본군이 상륙하자, 첨사 정발의 지휘 아래 부산 군민들이 맞서 싸웠으나 끝내 함락되었다.

① ㉠ - ㉣ - ㉡ - ㉢
② ㉠ - ㉣ - ㉢ - ㉡
③ ㉣ - ㉡ - ㉢ - ㉠
④ ㉣ - ㉢ - ㉡ - ㉠

12 다음 도자기가 유행한 시기의 문화 양상으로 옳은 것은?

> 회색이나 회흑색의 태토(胎土) 위에 맑게 거른 백토로 표면을 분장한 뒤 유약을 씌워 구운 도자기이다.

① 자주 의식을 표출하는 악장 문학이 발달하였다.
② 지방 세력의 영향을 받아 철불과 같은 불상이 많이 만들어졌다.
③ 서양화의 기법인 원근법, 부감법 등을 반영하는 화풍이 등장하였다.
④ 신문체를 배척하고 고문(古文)을 장려하는 문풍 개혁 정책이 실시되었다.

13 고려의 지방 제도에 대한 설명으로 옳은 것은?

① 교통 요지에 5경을, 지방 행정의 중심지에 15부를 두었다.
② 현종 때 12목을 설치하면서 본격적으로 지방 제도가 정비되기 시작하였다.
③ 5도에는 안찰사가 파견되었는데, 이들은 지방에 상주하며 지방관을 감찰하였다.
④ 속현, 향·부곡·소 등은 수령이 파견되지 않았으며, 향리를 통해 간접적으로 통제되었다.

14 다음 밑줄 친 인물에 대한 설명으로 옳은 것은?

> 그는 관제 개혁의 일환으로 정방을 폐지하고 사림원을 설치하였다. 또한 국가 재정의 확보를 위해 권세가들의 농장을 견제하고 소금 전매제를 실시하였다.

① 섬학전이라는 장학 재단을 설치하였다.
② 왕실의 권위 회복을 위해 서경에 대화궁을 지었다.
③ 개경에 만권당을 설치하여 학문 연구를 지원하였다.
④ 원나라의 역법인 수시력이 전래되어 이를 사용하였다.

15 밑줄 친 '대장경'에 대한 설명으로 옳은 것은?

> 이로 말미암아 몽골군이 지나가는 곳마다 불상과 불서를 모두 불태웠습니다. 이에 부인사에 소장된 대장경 판본도 남기지 않고 쓸어 갔습니다.

① 유네스코 세계 기록 문화유산에 등재되었다.
② 현존하는 세계 최고(最古)의 금속 활자본으로 인정받고 있다.
③ 현재 8만 매가 넘는 목판이 경남 합천 해인사에 보관되어 있다.
④ 현종 때 거란의 침입을 부처의 힘으로 국난을 극복하기 위해 만들어졌다.

16 밑줄 친 국가의 정치 제도에 대한 설명으로 옳지 않은 것은?

> 그 나라는 사방 2천 리에 이른다. 주와 현 및 객사와 역참이 없고 곳곳에 촌락이 있는데 모두 말갈 부락이다. 그 백성은 말갈이 많고 토인이 적다. 토인으로 촌장을 삼는데, 큰 촌은 도독이라 하고, 그 다음 촌은 자사라고 하며, 그 아래는 수령이라 한다.

① 사빈시에서 외국 사신의 접대를 담당하였다.
② 감찰 기구로 중대성이 있어 관리들을 감독하였다.
③ 정당성의 장관인 대내상이 수상의 역할을 하였다.
④ 6부는 유교식 명칭을 사용했으며, 좌사정·우사정의 이원적 운영 방식을 택하였다.

17 다음 교서를 발표한 국왕의 업적으로 옳은 것은?

> 과인이 위로는 하늘과 땅의 도움을 받고 아래로는 조상의 신령스러운 돌보심 덕분에 흠돌 등의 악이 쌓이고 죄가 가득 차서 그 음모가 탄로 나고 말았다. 이는 곧 사람과 신이 함께 배척하는 바요 하늘과 땅 사이에 용납될 수 없는 바이니, 도의를 범하고 풍속을 훼손함에 있어 이보다 더 심한 것은 없을 것이다.

① 백성에게 정전을 처음으로 지급하였다.
② 장보고의 건의를 받아들여 청해진을 설치하였다.
③ 달구벌(대구)로 수도를 옮기려 했으나 실현하지 못하였다.
④ 사벌주를 상주로 바꾸는 등 9주의 명칭을 한자식으로 고쳤다.

18 다음 밑줄 친 인물에 대한 설명으로 옳은 것은?

> 그는 아버지가 한신(韓信)으로 김씨(金氏)인데, 나이 29세에 경주 황복사(皇福寺)에서 머리를 깎고 중이 되었다. … 마침 당나라 사신의 배가 서방으로 돌아가려고 하자 편승하여 중국으로 들어갔다. … 이에 열 곳의 절에 교(敎)를 전하게 하니 태백산의 부석사, 원주의 비마라사, 가야산의 해인사, 비슬산의 옥천사, 금정산의 범어사, 남악의 화엄사 등이 그것이다.

① 여러 불경을 연구하여 『화엄경소』 등을 저술하였다.
② 『화엄일승법계도』를 저술하여 화엄 사상을 정립하였다.
③ 서명학파의 시조가 되어 중국 유식학의 발전을 이끌었다.
④ 황룡사에 9층탑을 세워 사방의 나라를 제압할 것을 건의하였다.

19 (가), (나)와 관련된 나라에 대한 설명으로 옳은 것은?

> (가) 여러 나라에는 각기 별읍이 있으니 그것을 소도라고 한다. 큰 나무를 세우고 방울과 북을 매달아 놓고 귀신을 섬긴다.
> (나) 풍속은 산과 내를 중시하여, 산과 내에 각기 부분을 만들어 놓고 함부로 들어가지 않는다. … 부락을 함부로 침범하면 벌로 노비와 소, 말을 부과하였다.

① (가)에서는 족외혼이 시행되어 같은 씨족끼리는 혼인을 하지 않았다.
② (나)는 서쪽으로 현도군을 몰아내고, 요동 동부의 산간 지대를 장악하였다.
③ (가)의 사람들은 움집이나 귀틀집에 살면서 농사를 짓고, 삼베·명주를 짜서 입었다.
④ (나)는 사람이 죽으면 시체를 가매장했다가 뼈만 추려 가족 공동 무덤인 목곽에 넣었다.

20 현대의 사회·문화에 대한 설명으로 옳지 않은 것은?

① 1950년대 : 한글 학회가 『우리말 큰사전』을 완간하였다.
② 1960년대 : 정부는 신생활 재건 운동을 추진하면서 작업복 스타일의 재건복을 입도록 권장하였다.
③ 1970년대 : 우민화 정책의 일환으로 3S 정책이 실시되었다.
④ 1980년대 : 정부는 학교 교육 정상화를 위해 과외를 전면 금지하였다.

01 청동기 시대에 대한 설명으로 옳은 것을 모두 고르면?

> ㉠ 토기는 주로 민무늬 토기가 사용되었다.
> ㉡ 갈돌과 갈판을 이용하여 도토리를 가공하였다.
> ㉢ 식량 생산의 증대로 빈부 격차가 생겨나 집터 크기가 달라졌다.
> ㉣ 움집 바닥의 중앙에는 취사와 난방을 위한 화덕을 설치하였다.

① ㉠, ㉡ ② ㉠, ㉢
③ ㉡, ㉢ ④ ㉡, ㉣

02 다음은 고구려의 발전 과정을 서술한 것이다. (가)와 (나) 사이에 들어갈 백제의 역사적 사실로 옳은 것은?

> (가) 고구려는 적극적으로 남진 정책을 추진하기 위해 평양으로 도읍을 옮겼다.
> (나) 고구려는 1만 명의 말갈 병사를 보내 요서 지방을 선제 공격하였다.

① 왕위의 부자 상속제를 확립하였다.
② 중국 동진으로부터 불교를 받아들였다.
③ 일본에 단양이와 고안무를 보내 유학을 전파하였다.
④ 신라의 대야성을 공격하여 도독 김품석을 살해하였다.

03 (가)에 들어갈 발해 국왕 때의 역사적 사실로 옳은 것은?

> [(가)]은/는 일본에 보낸 국서에서 자신을 천손으로 표시하고, 일본과의 관계를 장인과 사위[舅甥]라고 표현하였다.

① 무왕의 동생 대문예가 당의 지시로 발해를 공격하였다.
② 수도를 동쪽의 동경 용원부에서 북쪽의 상경 용천부로 옮겼다.
③ 당나라에서 안녹산과 사사명의 난이 일어나자, 이를 이용하여 요하까지 영토를 넓혔다.
④ 당나라 빈공과 순위를 둘러싸고 신라와 발해 사이에서 등제 서열 사건이 발생하였다.

04 다음 자료와 관련된 국가의 사회 모습에 대한 설명으로 옳지 않은 것은?

> 재상의 집에는 녹(祿)이 끊어지지 않고 노비가 3천 명이며 갑옷 입은 병사와 소, 말, 돼지도 이에 맞먹는다. 가축은 바다 속에 있는 섬에서 방목하다가 필요할 때 활로 쏘아서 잡았다. 곡식을 남에게 빌려 주어 늘리는데 기간 내에 갚지 못하면 노비로 삼았다.
> ─『당서』

① 일반 농민은 연수유전답을 소유하고 경작하였다.
② 백제와 고구려의 지배층에게 관등을 주어 포용하였다.
③ 유력한 귀족 중에는 고구려 계통이 많았으며, 말갈 출신 귀족들도 있었다.
④ 수도 거주민의 관등을 나타내는 경위와 지방민의 위계를 나타내는 외위의 구분을 철폐하였다.

05 다음 밑줄 친 (가)~(라)에 대한 설명으로 옳은 것은?

> (가)이의민은 (나)경주 사람인데, 부친 이선은 소금과 채를 파는 사람이었고, 모친은 연일현 옥령사 노비였다. … 이의민은 수박을 잘해 (다)의종이 사랑하였으며 대정에서 별장으로 승진하였다. (라)조위총의 난 때 이의민이 살해한 사람이 제일 많았다. 그리하여 이의민은 중랑장으로 되었다가 즉시 장군으로 승진하였다.

① (가)의 처가 죽자 고종의 명령으로 관청 비용으로 장례를 치렀으며, 장례 절차는 왕후의 예를 따르도록 하였다.
② 최충헌 집권기 때 (나)에서 이비와 패좌가 난을 일으켰다.
③ (다)는 최윤의에게 고금의 예문을 모아 『상정고금예문』을 편찬하도록 하였다.
④ (라)는 동북면의 병마사로, 의종의 복위를 위해 봉기했으나 실패하였다.

40

06 밑줄 친 '왕'의 업적으로 옳은 것은?

> 홍건적 반성·사유 등 20만 군사가 압록강을 건너 서북 변방에 함부로 들어와서 우리에게 글을 보내기를, "군사를 거느리고 동쪽 땅으로 가니 속히 맞아 항복하라."고 하였다. 이성계가 적 100여 명의 목을 베고 한 명을 사로잡아서 왕에게 바쳤다.

① 각염법 제정
② 쓰시마 섬 정벌
③ 정방 폐지
④ 도평의사사 설치

07 다음 화폐가 사용된 시기의 경제 상황으로 가장 적절치 못한 것은?

> 은 1근으로 우리나라 지형을 본떠 만들었는데 그 가치는 포목 100필에 해당하는 고액이었다. 주로 외국과의 교역에 사용되었다.

① 일반 농민들은 곡식이나 삼베 등과 같은 현물 화폐를 주로 사용하였다.
② 개경에는 시전이 설치되고, 이를 경시서라는 관청이 감독하였다.
③ 가축의 뒷거름과 인분을 사용하는 시비법이 발달하면서 휴경지가 점차 감소하였다.
④ 송나라와는 조공을 통한 사행 무역 외에 국경 지대의 시장인 각장에서 양국 상인의 교역이 이루어졌다.

08 밑줄 친 (가), (나)에 대한 설명으로 옳지 않은 것은?

> 고려는 현종 때 거란의 침입을 물리치는 과정에서 처음 (가)대장경을 만들었다. 이후 고종 때 대몽 항쟁의 의지를 모아 다시 (나)대장경을 만들었다.

① (가)는 몽골 침입 때 대부분 불타 없어졌다.
② (나)는 개경의 흥왕사에 보관했다가 대구 팔공산 부인사로 옮겨 보관하였다.
③ (가)는 국내의 자료, 송과 요의 대장경 및 불서들을 광범위하게 수집·참고하여 만들어졌다.
④ 조선 시대에 (나)의 인쇄본이 일본에 전해져 일본 불교가 발전하는 데 크게 이바지하였다.

09 다음 중 조선 시대의 중앙 통치 기구에 대한 설명으로 옳은 것을 모두 고르면?

> ㉠ 궁궐 안에는 시강원을 두어 세자의 교육을 담당하였다.
> ㉡ 의정부의 정승들은 승문원, 춘추관, 관상감 등 주요 관청의 최고 책임자를 겸하였다.
> ㉢ 승정원에 소속된 하급 관원인 한림(翰林)은 국왕의 좌우에서 행동과 말을 나누어 적었다.
> ㉣ 국왕은 매일 편전에서 의정부, 6조 등의 대신들과 만나 회의를 했는데, 이를 차대(次對)라고 하였다.

① ㉠, ㉡
② ㉠, ㉣
③ ㉡, ㉢
④ ㉢, ㉣

10 다음 조직에 대한 설명으로 옳은 것은?

> 가입하기를 원하는 자에게는 반드시 먼저 규약문을 보여 몇달 동안 실행할 수 있는가를 스스로 헤아려 본 뒤에 가입하기를 청하게 한다. … 약정은 여러 사람에게 물어서 좋다고 한 다음에야 글로 답하고, 다음 모임에 참여하게 한다.

① 학생들에게는 군역을 면제해 주기도 하였다.
② 수령 보좌를 목적으로 설치된 자문 기관이었다.
③ 양반뿐만 아니라 일반민도 구성원으로 참여하였다.
④ 학문 연구와 선현의 제사를 위해 설립된 사설 교육 기관이다.

11 다음 시기의 국왕 때의 일로 옳지 않은 것은?

> 일본으로 건너 간 안용복은 에도 막부에게 울릉도가 우리 땅임을 주장하고 울릉도가 조선 영토임을 확인하는 문서를 받아 왔다.

① 통공 정책 실시
② 금위영 설치
③ 경신환국
④ 백두산 정계비의 건립

12 다음 토지 제도에 대한 설명으로 옳은 것은?

> 경기는 사방의 근본이니 마땅히 과전을 설치하여 사대부를 우대한다. 무릇 경성에 거주하여 왕실을 시위(侍衛)하는 자는 직위의 고하에 따라 과전을 받는다.

① 현직 관리에게만 수조권을 지급하였다.
② 제1과 150결에서 제18과 10결까지 차등 지급하였다.
③ 관리가 죽으면 그 부인에게 생활 대책으로 구분전을 지급하였다.
④ 수조권자의 과다한 수취를 막기 위해 국가가 수조를 대행하였다.

13 다음 자료와 관련된 항일 의병 운동에 대한 설명으로 옳은 것은?

> 머리를 깎으라는 명령이 이미 내려지니 곡성이 하늘을 진동하고 사람들은 분노해서 목숨을 끊으려 하였다. … 서울에 손님으로 왔다가 상투를 잘리니 모두 상투를 집어서 주머니 속에 감추고 통곡을 하며 성을 나갔다.

① 외교권 박탈을 계기로 일어났다.
② 해산된 군인이 합류하여 전투력이 높아졌다.
③ 신돌석과 같은 평민 출신 의병장이 출현하였다.
④ 고종의 해산 권고 조칙이 내려지자 해산하였다.

14 다음 (가)에 들어갈 외교 사절단으로 옳은 것은?

> (가) 은/는 민영익을 단장으로 하여 모두 11명으로 구성되었다. 일행 중에는 홍영식, 서광범 등 개화파 인사가 있었으며, 그 밖에 중국인 우리탕, 미국인 로웰 등이 포함되어 있었다.

① 수신사
② 영선사
③ 보빙사
④ 조사 시찰단

15 밑줄 친 '이 신문'에 대한 설명으로 옳은 것은?

> 일제는 사전 검열에서 의병을 '비도' 혹은 '폭도'라고 표현하도록 강요하였으나, 이 신문은 사실 그대로 의병 운동으로 보도하였다. 또한 의병 운동에 대해 호의적인 기사를 싣기도 했으며, 황무지 개간권 요구 반대 운동과 국채 보상 운동에도 앞장섰다.

① 남궁억 등이 창간한 신문으로, 유림층을 주요 대상으로 삼았다.
② 박문국에서 10일에 한 번씩 발행한 신문이다.
③ 1898년 순한글로 간행되어 서민층과 부녀자들에게 많이 읽혔다.
④ 영국인 베델을 발행인으로 내세웠으며, 순한글·국한문·영문 세 종류로 간행되었다.

16 다음 자료의 민족 운동과 관련된 내용으로 옳은 것은?

> 만세 시위가 확산되자, 일제는 헌병 경찰은 물론이고 군인까지 긴급 출동시켜 시위 군중을 무차별 살상하였다. 정주, 사천, 맹산, 수안, 남원, 합천 등지에서는 일본 군경의 총격으로 수십 명의 사상자를 냈으며, 화성 제암리에서는 전 주민을 교회에 집합, 감금하고 불을 질러 학살하였다.

① 광주에서 시작되어 전국으로 확산되었다.
② 미국에서는 필라델피아 한인 자유대회가 개최되었다.
③ 순종의 인산일에 대규모 만세 시위를 벌이기로 계획하였다.
④ 민족 대표 33인이 탑골 공원에서 독립 선언서를 낭독하였다.

17 다음 역사적 사건들을 순서대로 바르게 나열한 것은?

> ㉠ 일제는 독립군을 색출하기 위해 만주 군벌과 미쓰야 협정을 체결하였다.
> ㉡ 독립군 부대들은 백운평, 완루구, 어랑촌, 고동하 등지에서 일본군과 맞서 싸웠다.
> ㉢ 북만주의 밀산에 집결한 독립군은 대한독립군단을 결성했는데, 서일이 총재가 되었다.
> ㉣ 임시 정부 소속의 참의부가 조직되어 압록강 건너 집안(지안) 일대를 중심으로 활동하였다.

① ㉠ - ㉢ - ㉣ - ㉡   ② ㉡ - ㉢ - ㉠ - ㉣
③ ㉡ - ㉢ - ㉣ - ㉠   ④ ㉢ - ㉣ - ㉠ - ㉡

18 다음 글을 쓴 인물에 대한 설명으로 옳은 것은?

> 묘청의 천도 운동에서 묘청 등이 패하고 김부식이 이겼으므로 조선사가 사대적, 보수적, 속박적 사상인 유교 사상에 정복되고 말았다. 만약 김부식이 패하고 묘청이 이겼더라면 조선사가 독립적, 진취적으로 진전하였을 것이니 이것이 어찌 일천년래 제일대사건이라 하지 아니하랴.

① 유교구신론을 내세워 유교의 개혁을 주장하였다.
② 역사를 '아(我)와 비아(非我)의 투쟁'으로 해석했다.
③ 「5천년간 조선의 얼」이라는 글을 동아일보에 연재하였다.
④ 『조선불교유신론』을 집필하여 불교의 쇄신과 근대 개혁 운동을 펼쳤다.

19 다음 역사적 사실들을 순서대로 바르게 나열한 것은?

> ㉠ 애치슨 선언이 발표되었다.
> ㉡ 대규모 해상 작전인 흥남 철수가 이루어졌다.
> ㉢ 국군과 유엔군은 인천 상륙 작전에 성공하였다.
> ㉣ 국군과 유엔군은 서울을 되찾고 평양까지 탈환하였다.

① ㉠ - ㉡ - ㉢ - ㉣   ② ㉠ - ㉢ - ㉣ - ㉡
③ ㉡ - ㉢ - ㉣ - ㉠   ④ ㉢ - ㉣ - ㉡ - ㉠

20 다음 법령에 따른 개혁에 대한 내용으로 옳지 않은 것은?

> 제5조 정부는 다음에 의하여 농지를 취득한다.
> 　　2. 다음의 농지는 적당한 보수로 정부가 매수한다.
> 　　　(가) 농가 아닌 자의 농지
> 　　　(나) 자경하지 않은 자의 토지
> 　　　(다) 본 법 규정의 한도를 초과하는 부분의 농지

① 미군정 시기에 제정되었다.
② 임야 소유권 문제는 제외하였다.
③ 호당 3정보 이하 농지는 매수 대상에서 제외하였다.
④ 지주 소유의 토지를 유상 매입하여 농민에게 유상으로 분배하였다.

01 다음 (가)와 (나) 사이에 있었던 사실로 옳은 것은?

> (가) 웅천주 도독 헌창이 그의 아버지 주원이 왕이 되지 못한 것을 이유로 반란을 일으켜 나라 이름을 장안이라 하고 연호를 세워 경운 원년이라고 하였다.
> (나) 견훤이 서쪽으로 순행하여 완산주에 이르니 그 백성이 환영하고 위로하였다. 견훤이 인심을 얻은 것을 기뻐하며 좌우에게 말하기를 " … 내 이제 감히 완산에 도읍하여 의자왕의 묵은 분함을 씻지 않겠는가?"라고 하였다.

① 궁예가 송악에 도읍을 정하고 후고구려를 세웠다.
② 흥덕왕은 문란해진 기강을 바로잡고자 사치 금지령을 내렸다.
③ 왕의 혈족들에게 특권적 지위를 누리게 한 갈문왕 제도를 폐지했다.
④ 대공의 난, 96 각간의 난 등 진골 귀족들의 반란이 자주 발생하였다.

02 밑줄 친 인물이 속한 신분 계층에 대한 설명으로 옳은 것은?

> 진덕 여왕 2년, 김춘추가 돌아오는 길에 고구려의 순라병을 만났는데, 종자인 온군해가 대신 피살되었고 그는 무사히 신라로 귀국했다.

① 관직에 진출했을 때 처음 받는 관등은 대아찬이었다.
② 이벌찬, 이찬 등과 같은 관등에 오를 수 있는 신분이다.
③ 중앙의 고위 관직과 22담로의 지방 장관을 독점하였다.
④ 성주사지 낭혜화상비에 득난이라고 표현되어 있듯이 매우 얻기 어려운 신분이었다.

03 밑줄 친 '이 무덤'과 관련된 내용으로 옳은 것은?

> 이 무덤의 구조는 돌 대신 흙으로 봉분을 쌓아 겉으로는 토총의 모양을 하고 있으나, 내부는 옆으로 굴을 뚫고 중앙부에 돌방을 만들어 시신을 안치한 형태이다.

① 천장과 벽에는 벽화를 그려 넣기도 하였다.
② 무덤 안으로 들어가는 널길이 없어 도굴을 피할 수 있었다.
③ 무늬를 넣은 벽돌을 쌓아 방을 꾸미고 그 속에 시신을 안치하였다.
④ 고구려 초기에 많이 만들어진 무덤으로, 초기 도읍지였던 지안 일대에 1만여 기 이상이 발견되었다.

04 다음 자료와 관련 있는 국왕에 대한 설명으로 옳은 것은?

> 2조 도선의 풍수사상에 따라 사찰을 세우고, 함부로 짓지 말라.
> 4조 우리나라와 중국은 지역과 사람의 인성이 다르므로 중국의 문화를 반드시 따를 필요가 없으며, 거란은 짐승과 같은 나라이므로 그들의 의관 제도는 따르지 말라.

① 무태, 정개 등 독자적인 연호를 사용하면서 황제국 체제를 지향하였다.
② 중앙 문관에게는 문산계를, 향리·노병 등에게는 무산계를 부여하였다.
③ 서경을 중시하여 남쪽의 인구를 이주시키고 이곳에 관부와 관리를 두었다.
④ 국정을 총괄하는 광평성을 비롯한 여러 관서를 설치하고 9관등제를 실시하였다.

05 다음 민란이 일어난 시기에 집권했던 인물에 대한 설명으로 옳은 것은?

> 초적(草賊) 이연년(李延年) 형제가 원율·담양 등 여러 군 무뢰배를 불러 모아 해양 등 주현을 치며 내려오다 전라도 지휘사 김경손이 나주에 들어왔다는 소식을 듣자 나주성을 포위하였다. … 관병과 교전이 시작되자 이연년은 용맹을 믿고 곧바로 앞으로 나가 김경손의 말고삐를 잡으려 하였다. … 이연년을 베고는 승세를 타고 쫓으니 적도가 크게 무너져 다시 안정될 수 있었다.

① 보현원에서의 연회를 계기로 무신 정변을 일으켰다.
② 교정도감을 두어 정책을 결정하고 반대 세력을 감시하였다.
③ 김보당이 의종의 복위를 꾀하자 의종을 살해하여 그 공으로 대장군이 되었다.
④ 서방을 설치하여 문학과 행정 능력을 갖춘 문신들이 정책을 자문하도록 하였다.

06 다음 토지제도에 대한 설명으로 옳은 것은?

> 제1과 전지 100결, 시지 70결【내사령, 시중】… 제18과 전 20결【산전전부승지, … 추장, 감선, 인알 등 유외잡직, 제보군】이 범위 안에 들지 못한 자에게는 모두 전지 17결을 지급하고 이를 항구적으로 지켜야 할 법식으로 제정하였다.

① 지급 대상을 현직 관리로 제한하였다.
② 경기 8현에 한하여 지급한다고 규정하였다.
③ 인품은 배제하고 오직 관품만 고려하여 토지를 지급하였다.
④ 4색 공복을 기준으로 문반·무반·잡업으로 나누어 지급 결수를 정하였다.

07 다음 밑줄 친 인물에 대한 설명으로 옳은 것은?

> 임인년 정월에 개경 보제사에서 열린 담선 법회가 파한 연후에 그는 동문 10여 인과 함께 "명예와 이익을 버리고 산림에 은둔하여 같은 모임을 맺자. 항상 선정을 익히고 지혜를 고르는 데 힘쓰고, 예불하고 경전을 읽으며 힘들여 일하는 것에 이르기까지 각자 맡은 바 임무에 따라 경영한다."라고 결의하였다.

① 국청사를 창건하고, 해동 천태종을 창시하였다.
② 백성의 신앙적 욕구를 고려하여 백련결사를 제창하였다.
③ 유교와 불교는 다름이 없다는 유불 일치설을 주장하였다.
④ 깨달은 후에도 꾸준한 실천이 필요하다는 돈오점수를 중시하였다.

08 다음 자료와 관련된 사건에서 대한 설명으로 옳은 것은?

> '조룡(祖龍)이 어금니와 뿔을 휘두른다'고 한 것은 세조를 가리켜 시황제에 비긴 것이요, '회왕을 찾아내어 민망(民望)에 따랐다'고 한 것은 노산군을 가리켜 의제(義帝)에 비긴 것이고, '그 인의를 볼 수 있다'고 한 것은 노산을 가리킨 것이니 의제의 마음에 비추어 말한 것이다.

① 훈구 세력은 조광조 일파를 모함하여 죽이거나 유배 보냈다.
② 훈구 세력은 김종직이 쓴 「조의제문」이 세조를 비난하는 내용이라며 사림 세력을 공격하였다.
③ 명종 대 외척 간의 권력 갈등에 사림들이 가담하면서 그 피해가 사림 세력에게 미친 사건이다.
④ 연산군이 생모의 죽음과 관련된 이들을 제거하는 과정에서 또다시 사림 세력이 큰 피해를 입었다.

09 다음 (가), (나)와 관련된 조세 제도에 대한 설명으로 옳지 않은 것은?

> (가) 모든 토지는 6등급으로 나누었다. 20년마다 토지를 다시 측량 하여 양안을 만들어 호조와 해당 도, 고을에 갖추어 둔다. 1등전의 척(尺, 자)은 주척으로 4척 7촌 7분이며, 6등전의 척은 9척 5촌 5분이다.
>
> (나) 처음 삼남 지방은 정해진 결수로 조세 대장에 기록하되 … 나머지 5도는 모두 하지하(下之下)로 정하여 징수하였다. 이후 경기·삼남·해서·관동 모두 1결에 4두를 징수하였다.

① (가)는 토지를 측량할 때 등급에 따라서 사용하는 척이 달랐다.
② (가)는 토지 결수를 기준으로 1결당 쌀 12두를 납부하게 하였다.
③ (나)는 인조 때부터 시행된 것으로, 토지 1결당 쌀 4~6두를 거두었다.
④ (나)의 실시로 법정 세액은 줄어들었지만 각종 수수료, 운반료, 보관료 등이 추가로 부과되었다.

10 조선 시대에 편찬된 지도들에 대해 설명한 것으로 옳은 것을 모두 고르면?

> ㉠ 혼일강리역대국도지도는 세조 때 정척과 양성지가 만든 실측 지도이다.
> ㉡ 조선방역지도는 만주와 대마도를 우리 영토로 명기했으며, 현존하고 있다.
> ㉢ 정상기의 동국지도는 거리를 알 수 있도록 100리마다 눈금이 표시되어 있는 지도이다.
> ㉣ 대동여지도는 전국을 22개의 첩으로 구성하였는데, 각 첩은 접어서 쓸 수 있게 하였다.

① ㉠, ㉡
② ㉡, ㉣
③ ㉠, ㉡, ㉣
④ ㉡, ㉢, ㉣

11 다음 사건이 일어난 시기에 집권했던 국왕 때의 일로 옳은 것은?

> 평서 대원수는 급히 격문을 띄운다. … 지금 나이 어린 임금이 위에 있어서 권신들의 간악한 짓은 날이 갈수록 더 심해지고, 김조순·박종경의 무리가 국가의 권력을 제멋대로 하고 있다. 이제 격문을 띄워 먼저 각 주 군현의 고을 원에게 보내니 절대로 동요하지 말고 성문을 활짝 열어 우리 군대를 맞으라.

① 서얼차대에 관한 모든 법령이 폐지되었다.
② 중앙 관청에 속했던 내사노비들을 해방시켰다.
③ 경주 출신의 몰락 양반 최제우가 동학을 창도하였다.
④ 양역의 종류·양인의 수를 조사하여 『양역실총』을 편찬하였다.

12 조선 후기의 경제 상황과 관련된 다음 사실들을 순서대로 나열한 것은?

> ㉠ 상평통보가 법화로 채택되어 전국적으로 유통되었다.
> ㉡ 육의전을 제외한 시전 상인의 금난전권이 폐지되었다.
> ㉢ 설점수세제를 제정하여 민간인들의 광산 경영을 허가하였다.
> ㉣ 경강상인의 도고 행위로 인해 서울에서 쌀 폭동이 일어났다.

① ㉢ - ㉡ - ㉠ - ㉣
② ㉠ - ㉢ - ㉣ - ㉡
③ ㉠ - ㉣ - ㉢ - ㉡
④ ㉢ - ㉠ - ㉡ - ㉣

13 다음 인물에 대한 설명으로 옳은 것은?

> 그는 노론에 속한 학자로, 청을 왕래하면서 얻은 경험을 토대로 여러 가지 저술을 남겼다. 또한 성인 남자에게 2결의 토지를 나누어 줄 것과 병농일치의 군대 조직 등을 주장하였다.

① 농업 중심 개혁론의 선구자로 균전론을 제시하였다.
② 역사에서 고금의 흥망이 시세에 따라 이루어진다고 파악하였다.
③ 『우서』라는 책을 통해 양반도 상업에 참여해야 한다고 제안하였다.
④ 지구가 둥글다는 것을 인정하고, 중국이 세계의 중심이라는 생각을 비판하였다.

14 다음 역사적 사실들을 순서대로 바르게 나열한 것은?

> ㉠ 동학 농민군은 황토현에서 관군과 교전하였다.
> ㉡ 공주 우금치 전투에서 동학군이 일본군과 격전을 벌였다.
> ㉢ 동학 농민군은 백산으로 이동하여 호남창의대장소라는 이름으로 격문을 발표하였다.
> ㉣ 고부 농민들이 봉기하여 군수 조병갑을 몰아내고 수탈의 상징이었던 만석보를 파괴하였다.

① ㉢ - ㉠ - ㉡ - ㉣
② ㉢ - ㉣ - ㉠ - ㉡
③ ㉣ - ㉢ - ㉠ - ㉡
④ ㉣ - ㉢ - ㉡ - ㉠

15 다음 사건으로 해산된 단체에 대한 설명으로 옳은 것은?

> 안중근의 사촌 안명근이 독립 자금을 모금하다가 적발되자, 일제는 이를 총독 암살 미수 사건으로 날조하고 수백 명의 민족 지도자들을 검거하였다.

① 의회 설립을 통한 입헌 정치 체제 수립을 목적으로 활동하였다.
② 자기 회사와 태극 서관 등을 설립하여 민족 산업의 육성에 노력하였다.
③ 이동휘는 고종의 강제 퇴위에 저항하여 강화도 연무당에서 총회를 개최하였다.
④ 대한 자강회의 후신으로 조직된 단체로, 교육 보급·산업 발전 등의 강령을 내걸고 활동하였다.

16 다음 자료와 관련된 민족 운동에 대한 설명으로 옳은 것은?

> • 조선은 조선인의 조선이다! 학교의 용어는 조선어로! 학교장은 조선 사람이어야 한다! 동양 척식 주식회사를 철폐하라! 일본인 물품을 배척하자!
> • 8시간 노동제를 실시하라! 동일 노동 동일 임금! 소작제를 4·6제로 하고 공과금은 지주가 납부한다! 소작권을 이동하지 못한다! 일본인 지주의 소작료는 주지 말자!

① 광주 고보의 한국 학생과 광주 중학교의 일본 학생의 충돌이 발단이 되었다.
② 고종의 갑작스러운 죽음을 둘러싸고 퍼진 독살설이 이 운동에 영향을 주었다.
③ 일제의 식민 지배를 인정하고 그 밑에서 정치적 실력 양성을 해야 한다고 주장하였다.
④ 이 운동의 준비 과정에서 조선 공산당 등 사회주의 세력과 천도교 등 민족주의 세력이 연대하였다.

17 다음 ㉠에 들어갈 정책이 추진된 시기의 역사적 사실로 가장 적절치 못한 것은?

> 일본은 1910년대 이후 자본주의 경제가 급속하게 발전하면서 농민들이 도시에 몰려 식량 조달에 큰 차질이 빚어졌다. 이를 해결하기 위해 ㉠ 을 추진하였는데, 이는 토지 개량과 농사 개량을 통해 식량 생산을 대폭 늘려 일본으로 더 많은 쌀을 가져가고 우리나라 농민 생활도 안정시킨다는 목표로 추진되었다.

① 일본인 업자에 특혜를 준 연초전매령을 공포하였다.
② 신은행령을 발표하여 조선인 소유의 은행을 강제 합병하였다.
③ 치안유지법을 제정하여 사상을 통제하고 사회 운동을 탄압하였다.
④ 일본 자본의 광산 진출을 촉진할 목적으로 조선광업령을 공포하였다.

18 다음과 같이 주장한 역사학자의 활동으로 옳은 것은?

> 오늘날 우리 민족 모두가 우리 조상의 피로써 골육을 삼고 우리 조상의 혼으로 영혼을 삼고 있으니 우리 조상은 신성한 교화가 있고 신성한 정법이 있고, 신성한 문사(文事)와 무공이 있으니, 우리 민족이 그 다른 것에서 구함이 옳다고 하겠는가. 무릇 우리 형제는 늘 잊지 말며 형체와 정신을 전멸시키지 말 것을 구구히 바란다.

① 민족정신을 낭가 사상으로 설명하였다.
② 국가의 구성 요소를 국백과 국혼으로 나누었다.
③ 「5천년간 조선의 얼」이라는 글을 동아일보에 연재하였다.
④ 『동국고대선교고』, 『꿈하늘』 등을 저술하여 단군 신앙에 대해 관심을 보였다.

19 다음 (가) 인물에 대한 설명으로 옳지 않은 것은?

> 해방 며칠 전, 엔도 정무총감은 (가) 을/를 초청하여 일본인의 생명 보호를 애걸하였다. 그러자 (가) 은/는 감옥에 있는 정치범의 즉시 석방, 청년 학생의 자치대 결성, 정치적 활동의 자유 보장, 3개월 간의 식량 확보 등 4개 조항을 조건으로 내걸고 수락하였다.

① 조선인민공화국 선포 당시, 부주석으로 취임하였다.
② 중도 우파를 대표하는 인물로, 각 계급의 단결을 내세우며 국민당을 결성하였다.
③ 민주주의 원칙에 의한 국가 건설 등을 목표로 하는 조선 건국 동맹을 결성하였다.
④ 임시 정부의 수립에 참여했으며 임시 의정원 의원, 임시 정부의 외무부 차장 등을 역임하였다.

20 다음 회담과 관련된 내용으로 옳은 것은?

> 제2의제 전투 행위를 정지한다는 전제 아래 양측 군대 사이에 비무장 지대를 설치하고자 군사 분계선을 정하는 일
> … (중략) …
> 제5의제 외국 군대의 철수와 한반도 문제의 평화적 해결에 관해서 쌍방 관련 국가의 정부에 권고하는 일

① 중공군이 참전하자 이 회담은 일시 중단되었다.
② 미국, 영국, 소련 세 나라의 외무 장관이 참석하였다.
③ 회담의 협상 과정에서 이승만 정부는 반공 포로를 석방하였다.
④ 유엔군 측은 제네바 협정에 따른 포로의 자동 송환을 주장하였다.

제 **10** 회

01 다음 밑줄 친 '이 시기'의 모습으로 옳은 것은?

> 이 시기의 대표적인 유적은 서울 암사동, 평양 남경, 김해 수가리 등으로 대부분 바닷가나 강가에 자리잡고 있었다.

① 돌도끼, 홈자귀, 괭이 등과 같은 농기구로 땅을 개간하여 곡식을 심었다.
② 굴·홍합 등 많은 조개류를 먹었는데, 조개껍데기를 장식으로 이용하기도 하였다.
③ 밑바닥이 편평하고 손잡이가 양쪽 옆에 하나씩 달린 미송리식 토기를 사용하였다.
④ 주먹도끼와 주먹찌르개 같은 큰 석기 한 개를 가지고 여러 가지 용도로 사용하였다.

02 밑줄 친 '왕'의 업적에 대한 설명으로 옳은 것은?

> 겨울 10월에 왕이 북한산에 순행하여 강역을 확장하고 국경을 정하였다. 11월에 왕이 북한산에서 돌아왔는데, 지나온 주군(州郡)에 교(敎)를 내려 1년간의 조세를 면제해 주고 해당 지역의 죄수 중 두 가지 죄[二罪]를 제외하고는 모두 풀어 주었다.

① 왕위의 부자 상속제를 확립하였다.
② 골품제를 정비하고 불교를 공인하였다.
③ 왕의 칭호를 마립간에서 왕으로 고쳤다.
④ 화랑도를 국가적인 조직으로 개편하였다.

03 다음 역사적 사실들을 순서대로 바르게 나열한 것은?

> ㉠ 신라의 문무왕이 왕위에 올랐다.
> ㉡ 당나라는 신라에 계림 도독부를 설치하였다.
> ㉢ 신라와 당나라가 군사 동맹을 체결하였다.
> ㉣ 사비성이 함락되자 웅진에 있던 의자왕이 항복하였다.

① ㉠ - ㉢ - ㉣ - ㉡
② ㉢ - ㉠ - ㉡ - ㉣
③ ㉢ - ㉠ - ㉣ - ㉡
④ ㉢ - ㉣ - ㉠ - ㉡

04 다음 밑줄 친 인물에 대한 설명으로 옳은 것은?

> 왕이 수나라에 군사를 청하는 글을 요청하자, 그는 "자기가 살기 위해 남을 멸망시키는 것은 승려가 할 일이 아니나, 제가 대왕의 땅에 살면서 수초(水草)를 먹고 있사오니 명령을 따르겠습니다."라고 하였다.

① 일심 사상을 바탕으로 화쟁 사상을 주장하였다.
② 국왕에게 황룡사 9층탑을 세울 것을 건의하였다.
③ 중국에서 풍수지리설을 들여와 지세의 중요성을 일깨웠다.
④ 세속 5계를 지어 호국 사상과 새로운 사회 윤리를 젊은이들에게 가르쳤다.

05 다음 자료에서 설명하고 있는 인물에 대한 내용으로 옳지 않은 것은?

> 대순 2년 신해년에 죽주의 도적 괴수 기훤에게 의탁하였다. 기훤이 얕보고 거만하게 대하다, 경복 원년 임자년에 북원의 도적 양길에게 의탁하니, 양길이 잘 대우하여 일을 맡기고 드디어 병사를 나누어 주어 동쪽으로 땅을 점령하도록 하였다.

① 송악에서 철원으로 도읍을 옮겼다.
② 무태, 수덕만세, 정개 등의 연호를 사용하였다.
③ 미륵 신앙을 이용하여 전제 정치를 도모하였다.
④ 경주를 습격하여 경애왕을 죽이고 경순왕을 즉위시켰다.

06 고려 시대의 중앙 정치 제도에 대한 설명으로 옳지 않은 것은?

① 한림원은 왕명을 받아 글을 짓는 기관이었다.
② 식목도감과 도병마사는 당나라 제도를 모방하여 설치하였다.
③ 중서문하성은 2품 이상의 재신과 3품 이하의 낭사로 구분되었다.
④ 상서성에 소속된 6부는 실제 정무를 분담했으며, 각 부의 장관은 상서이다.

07 다음 시기의 경제 상황에 대한 설명으로 옳지 않은 것은?

> 왕이 명하기를, "구리, 철, 자기, 종이, 먹 등을 만드는 소에서 공물을 지나치게 많이 거두어 주민들이 어려움을 이기지 못해 도망가고 있다. 이제 해당 관청에서는 그 공물의 양을 다시 정하여 보고하도록 하라."라고 하였다.

① 우경에 의한 심경법이 확대되었다.
② 권세가들은 사패를 받아 토지를 확대하기도 하였다.
③ 성종 때 철전을 만들었으나 널리 유통되지는 못하였다.
④ 일본은 주로 모피를 가지고 와 식량, 인삼 등과 바꾸어 갔다.

08 다음 글을 반포한 국왕 때의 일로 가장 적절한 것은?

> 의정부의 관여 사항은 오직 사형수를 논결하는 일 뿐이므로 옛날부터 재상을 임명한 뜻에 어긋난다. … 6조는 모든 직무를 먼저 의정부에 여쭈어 의논하고, 의정부는 가부를 헤아린 뒤에 왕에게 아뢰어 왕의 전지를 받아 6조에 내려 보내어 시행한다.

① 의창제를 실시하여 빈민을 구제하였다.
② 국방을 강화하기 위해 진관 체제를 실시하였다.
③ 우리나라의 전쟁사를 정리한 『동국병감』이 편찬되었다.
④ 경상도 출신의 선비인 김종직과 그 문인들을 중용하였다.

09 다음 밑줄 친 '그'에 대한 설명으로 옳은 것은?

> 명종 때 그는 외직(外職)을 요청하여 단양 군수로 부임하였다. 넷째 형인 이해가 충청 감사로 부임하면서 상피제로 인해 풍기 군수로 옮겨갔다. 풍기 군수로 부임한 그는 백운동서원(白雲洞書院)에 편액과 서적을 내려줄 것을 감사에게 청하였다. 감사 심통원은 그의 요청을 조정에 보고하였다.

① 중종에게 「일강십목소」를 올려 성학군주론을 강조하였다.
② 경과 의를 근본으로 강렬한 실천적 성리학풍을 창도하였다.
③ 그의 학설은 성혼, 송익필, 김장생 등 기호 지방의 학자들에게 큰 영향을 주었다.
④ 『성학십도』 등을 저술하였으며, 주자의 이론을 조선의 현실에 반영하여 나름대로의 체계를 세우려고 하였다.

10 다음 자료에서 설명하고 있는 정치 기구에 대한 내용으로 옳지 않은 것은?

> 오늘에 와서 큰일이건 작은 일이건 중요한 것으로 취급되지 않는 것이 없는데, 정부는 한갓 헛이름만 지니고 육조는 모두 그 직임을 상실하였습니다. 명칭은 변방의 방비를 담당하는 것이라고 하면서 과거에 대한 판하(判下)나 비빈(妃嬪)을 간택하는 등의 일까지도 모두 여기를 경유하여 나옵니다.

① 창덕궁 앞에 청사를 설치했으며, 비국 또는 주사라고 불렸다.
② 왜구의 침입에 대비하여 16세기 초 상설 기구로 설치되었다.
③ 의정부의 의정과 판서(공조 판서 제외) 등 주요 관직자들이 참여하였다.
④ 조선 후기에는 일반 행정에도 관여하여 그 권한이 의정부를 능가하기도 하였다.

11 다음 시기의 사회 모습에 대한 설명으로 옳지 않은 것은?

> 백성들 사이에 예언 사상이 유행하여 민심은 갈수록 불안해졌다. 즉, 말세의 도래, 왕조의 교체, 변란의 예고 등 근거 없는 낭설이 비기, 도참을 빌려 나돌았다. 정감록도 이 시기에 유행한 비기였다.

① 탐관오리를 비방하는 벽서 사건이 빈발하였다.
② 결혼 후에는 남자가 처가에서 오랜 기간 생활하였다.
③ 농촌에서는 계가 성행했는데 군포계, 제언계, 농구계 등이 있었다.
④ 다수의 양반들이 정계에서 배제되어 향반이나 잔반으로 몰락하였다.

12 조선 후기의 문화 양상에 대한 설명으로 옳은 것을 모두 고르면?

> ㉠ 흰 바탕에 푸른 색깔로 그림을 그린 청화 백자가 많이 만들어졌다.
> ㉡ 이광사는 고금의 필법을 두루 연구하여 파격적인 추사체를 창안하였다.
> ㉢ 문학의 저변이 서민층에까지 확산되면서 한글 소설과 사설시조가 널리 유행하였다.
> ㉣ 중국의 화풍을 배격하고 우리의 고유한 자연과 풍속을 있는 그대로 묘사한 진경산수의 화풍이 등장하였다.

① ㉠, ㉢
② ㉡, ㉢
③ ㉢, ㉣
④ ㉠, ㉡, ㉣

13 다음 개혁안과 관련된 역사적 사건에 대한 설명으로 옳은 것은?

> • 재정은 모두 호조에서 관할하게 한다.
> • 대신들은 의정부에 모여서 법령을 의결한다.
> • 문벌을 폐지하여 인민 평등의 권리를 제정한다.

① 사건이 진압되자 충주로 피신하였던 왕비가 다시 궁궐로 돌아왔다.
② 김옥균, 박영효 등은 일본 공사의 병력 지원을 약속받아 정변을 계획하였다.
③ 정부는 사건 수습을 위해 박정양, 어윤중 등을 조사 시찰단으로 일본에 파견하였다.
④ 일본과 제물포 조약을 체결하여 배상금을 지급하고, 공사관 경비 병력의 주둔을 허용하였다.

14 다음 역사적 사실들을 순서대로 바르게 나열한 것은?

> ㉠ 서울의 시위대를 시작으로 군대 해산이 진행되었다.
> ㉡ 「대한 시설 강령」이라는 이름으로 한국에 대한 기본 방침을 결정하였다.
> ㉢ 이토 히로부미가 초대 통감으로 부임하여 내정 전반을 간섭하기 시작하였다.
> ㉣ 일본은 고종을 강제 퇴위시키고 양위식을 강행하여 순종이 왕위에 올랐다.

① ㉡ － ㉢ － ㉠ － ㉣
② ㉡ － ㉢ － ㉣ － ㉠
③ ㉢ － ㉡ － ㉠ － ㉣
④ ㉢ － ㉡ － ㉣ － ㉠

15 밑줄 친 '개혁'의 내용으로 옳지 않은 것은?

> 청·일 전쟁에서 승기를 잡은 일본은 대원군을 물러나게 하고 박영효와 서광범을 귀국시켜 대신으로 앉히고, 김홍집·박영효의 연립 내각을 출범시켰다. 이 연립 내각에 의한 개혁이 추진되었다.

① 육의전을 폐지하여 상공업을 활성화하려 하였다.
② 의정부를 내각으로 고쳐 근대적 성격을 강화하였다.
③ 기존의 개국 연호 대신 건양이라는 연호를 사용하였다.
④ 지방 8도는 23부로 개편하고, 지방관의 권한을 행정권에 한하도록 축소하였다.

16 밑줄 친 '이곳'에서 전개된 독립운동에 대한 설명으로 옳은 것은?

> 국권 피탈 이후 많은 한국인이 <u>이곳으로</u> 이주하였다. 중·일 전쟁 이후 일본군이 <u>이곳을</u> 침략하기 위해 한국인을 첩자로 이용한다는 소문이 떠돌기 시작했다. 이것이 강제 이주의 구실이 되어 <u>이곳의</u> 한인들은 화물 열차에 실려 중앙아시아로 끌려갔다.

① 독립군 양성을 목적으로 신흥 강습소가 설립되었다.
② 대종교는 중광단이라는 무장 독립 단체를 만들었다.
③ 이상설, 김약연 등은 서전서숙과 명동 학교 등을 세워 민족 교육에 앞장섰다.
④ 유인석, 홍범도 등은 한인 사회의 단결과 권익 증진을 위해 권업회를 결성하였다.

17 다음 자료와 관련된 민족 운동에 대한 설명으로 옳은 것은?

> 비록 우리 재화가 남의 재화보다 품질상 또는 가격상으로 개인 경제상 다소 불이익이 있다 할지라도 민족 경제의 이익에 유의하여 이를 애호하며 장려하여 수요하며 구매하지 아니치 못할지라.

① 조선 총독부가 회사령을 폐지하는 계기가 되었다.
② '한민족 1천만이 한 사람이 1원씩'이라는 구호를 내세웠다.
③ 평양에서 조만식을 중심으로 시작되어 전국으로 확산되었다.
④ 황성신문, 대한매일신보 등 언론 기관들이 적극적으로 지원하였다.

18 밑줄 친 '이 부대'에 대한 설명으로 옳은 것은?

> <u>이 부대</u>는 중국 각지에서 중국군과 협력하여 일본군과 싸웠다. 뿐만 아니라 인도와 미얀마 전선에서도 영국군과 연합하여 일본군과 싸웠다. 또, 중국에서 미군 전략 정보국 (OSS) 지원 아래 특수 훈련을 받으며, 국내 진입 작전을 계획하고 있었다.

① 중국 국민당 정부의 지원을 받아 충칭에서 창설되었다.
② 쌍성보, 대전자령 등에서 일본군을 격파하였다.
③ 함경남도 보천보에 있는 일제 통치 기구를 공격하였다.
④ 중국 팔로군과 함께 태항산 지구에서 일본군과 교전하였다.

19 다음 역사적 사실들을 순서대로 바르게 나열한 것은?

> ㉠ 맥아더는 포고령 1호를 발표하여 북위 38도선 이남에서 군정을 실시하겠다고 밝혔다.
> ㉡ 여운형을 중심으로 한 민족 지도자들은 조선 건국 동맹을 결성하였다.
> ㉢ 미·영·소 3국 정상들은 독일 포츠담에 모여 한국의 독립을 재확인하였다.
> ㉣ 김구·김규식·이시영 등 임시 정부의 주요 요인들이 개인 자격으로 귀국하였다.

① ㉡ – ㉢ – ㉠ – ㉣   ② ㉡ – ㉢ – ㉣ – ㉠
③ ㉢ – ㉡ – ㉠ – ㉣   ④ ㉢ – ㉡ – ㉣ – ㉠

20 다음 헌법이 제정된 이후의 정치 상황으로 옳은 것은?

> 제47조 대통령의 임기는 6년으로 한다.
> 제59조 ① 대통령은 국회를 해산할 수 있다.
>   ② 국회가 해산된 경우 국회 의원 총선거는 해산된 날로부터 30일 이후 60일 이전에 실시한다.

① 굴욕적인 한·일 회담에 반대하는 학생 시위가 전개되었다.
② 민주 회복 국민 회의가 발족되어 민주화 운동의 구심점이 되었다.
③ 광주(현재의 성남시) 대단지 주민 3만여 명의 소요 사태가 일어났다.
④ 국회 본회의장이 아니라 제3별관 특별 위원회 회의실에서 몰래 열린 국회 본회의에서 개헌안이 날치기로 통과되었다.

01 다음 자료와 관련 있는 나라에 대한 설명으로 옳은 것은?

> 국내에 있을 때 옷은 흰색을 숭상하며, 흰 베로 만든 큰 소매 달린 도포와 바지를 입고 가죽신을 신는다. 외국에 나갈 때는 비단옷, 수놓은 옷, 모직옷을 즐겨 입고, … 금·은으로 모자를 장식하였다.

① 책화, 족외혼 등과 같은 씨족사회 풍습이 남아 있었다.
② 소와 말을 중요한 재산으로 취급하였고, 과하마가 유명하였다.
③ 전쟁이 나면 소를 잡아 그 발굽이 갈라진 모양을 보고 길흉을 점쳤다.
④ 1세기에 이미 왕호를 사용했으며, 왕 아래에 상가·패자·고추가 등의 관료가 있었다.

02 밑줄 친 '고구려'에서 집권하고 있던 왕 때의 역사적 사실로 옳은 것은?

> 내물 마립간 37년 정월에 고구려에서 사신을 보내오니 왕은 고구려가 강성한 까닭으로 이찬 대서지의 아들 실성을 보내 볼모로 삼았다.

① 전연의 공격을 받아 수도인 국내성이 함락되었다.
② 평양의 낙랑국을 차지하여 한반도로 진출하는 교두보를 만들었다.
③ 백제의 58개 성과 700여 촌을 점령하고, 백제 아신왕의 항복을 받아내기도 하였다.
④ 압록강 입구의 서안평을 공격하다가 위나라의 역공을 받아 환도성이 함락되었다.

03 통일 신라의 경제생활에 대한 설명으로 옳지 않은 것은?

① 공장부가 있어 전국의 수공업을 관장하였다.
② 세 가지 유약을 배합하여 구워 낸 삼채 도자기가 유명하였다.
③ 노동력이 필요한 경우 국가에서는 16세 이상의 남자를 동원하였다.
④ 호는 상상호(上上戶)에서 하하호(下下戶)까지 9등급으로 나누어 파악하였다.

04 고대 문화의 일본 전파에 대한 설명으로 옳은 것을 모두 고르면?

> ㉠ 가야의 토기는 일본 스에키 토기에 영향을 주었다.
> ㉡ 백제의 노리사치계는 일본 쇼토쿠 태자의 스승이 되었다.
> ㉢ 고구려의 담징은 일본에 종이와 먹의 제조 방법을 전하였다.
> ㉣ 백제의 축제술 전파를 계기로 일본에 한인의 연못이라는 이름이 생기기도 하였다.

① ㉠, ㉢   ② ㉠, ㉣
③ ㉡, ㉢   ④ ㉢, ㉣

05 다음 역사적 사실들을 순서대로 바르게 나열한 것은?

> ㉠ 국가 유지가 어려워지자 신라 경순왕은 고려에 자진 투항하였다.
> ㉡ 견훤이 경주를 습격하여 포석정에서 놀이하던 경애왕을 죽이고 돌아갔다.
> ㉢ 신라 왕족의 후예인 궁예가 스스로 왕이라 칭하고, 후고구려 건국을 선포하였다.
> ㉣ 바지를 붉게 물들여 적고적(赤袴賊)이라고 불리는 도적들이 서남쪽에서 봉기하였다.

① ㉢ - ㉣ - ㉠ - ㉡   ② ㉢ - ㉣ - ㉡ - ㉠
③ ㉣ - ㉢ - ㉠ - ㉡   ④ ㉣ - ㉢ - ㉡ - ㉠

06 다음 자료와 관련된 국왕의 재위 기간에 있었던 역사적 사실로 올바른 것은?

> 성은 왕(王), 휘(諱) 거(昛)이며 초명은 심(諶)·춘(賰)이다. … 5월, 쿠빌라이 칸의 딸인 17세의 홀도노게리미실(제국대장공주)과 결혼하였다. … 10월 3일, 일본 정벌을 위한 동로군(東路軍)이 4만여 명의 군사를 이끌고 마산에서 출발하였다.

① 각염법을 제정하여 소금의 전매를 단행하였다.
② 성리학 진흥을 위해 개경에 만권당을 설치하였다.
③ 찰리변위도감을 설치하였고, 사심관을 폐지하였다.
④ 도병마사의 기능이 확대되어 도평의사사로 개편되었다.

07 다음 역사서에 대한 설명으로 옳은 것은?

> 동명왕의 일은 변화·신이로써 여러 사람의 눈을 현혹한 것이 아니고, 실로 나라를 창시한 신기한 사적이니 이것을 서술하지 않으면 후인들이 장차 어떻게 볼 것인가? 그러므로 시를 지어 기록하여 우리나라가 본래 성인(聖人)의 나라라는 사실을 천하에 알리고자 하는 것이다.

① 민간 설화와 신라의 향가 14수를 수록하였다.
② 발해사를 우리 역사로 최초로 기록한 역사서이다.
③ 논찬(論贊)을 따로 두어 주관적 서술을 제한하였다.
④ 일종의 영웅 서사시로, 고려의 고구려 계승 의식을 보여 주고 있다.

08 조선 시대의 지방 제도 운영에 대한 설명으로 옳은 것은?

① 사족 세력의 영향력이 강한 지역에는 토관을 임명하였다.
② 지방에 경재소를 두어 유향소를 통제할 수 있도록 하였다.
③ 군현 아래 면, 리, 통을 두고 10호를 하나의 통으로 편성하였다.
④ 향리는 중앙의 6조를 본따 6방으로 나누어 지방 행정 실무를 담당하였다.

09 고려 시대의 경제 활동에 대한 설명으로 옳은 것을 모두 고르면?

> ㉠ 고려 후기에 들어와 남부 일부 지역에서 모내기를 실시하였다.
> ㉡ 개경 등 대도시에는 서적점, 능라점, 염점 등 관영 상점이 있었다.
> ㉢ 시전 중에서 명주, 종이, 어물, 모시, 삼베, 무명을 파는 점포가 번성하였다.
> ㉣ 이암이 원나라 농서인 『농가집성』을 소개하여 중국의 선진 농업이 도입되었다.

① ㉠, ㉡   ② ㉡, ㉢
③ ㉠, ㉡, ㉢   ④ ㉠, ㉡, ㉣

10 다음 밑줄 친 '임금' 때의 역사적 사실로 옳은 것은?

> <u>임금</u>이 교지를 내려 이르기를 "삼정의 폐를 구제하는 일은 담당 관청을 설치해서 강구하는 데에 이르렀으니, 비변사 회의에 참석하는 여러 대신들은 널리 묻고 조사하여 지극히 합당한 데에 이르도록 해야 할 것이다."

① 군제 개혁을 위해 『만기요람』이 왕명으로 편찬되었다.
② 사교 배격을 내용으로 하는 「척사윤음」이 발표되었다.
③ 효명세자가 대리청정을 하면서 친위 세력 양성에 노력하였다.
④ 서얼들이 집단적으로 통청을 요구하는 상소를 올리자 김좌근 등 신하들이 적극 호응하였다.

11 다음과 같이 주장한 학자에 대한 설명으로 옳은 것은?

> 농사를 힘쓰지 않는 자 중에 그 좀이 여섯 종류가 있는데, 장사꾼은 그중에 들어가지 않는다. 첫째가 노비요, 둘째가 과거요, 셋째가 벌열이요, 넷째가 기교요, 다섯째가 승니요, 여섯째가 게으름뱅이들이다.

① 『마과회통』에서 영국인 제너가 발명한 종두법을 처음으로 소개하였다.
② 안정복, 이긍익, 정약용 등에게 영향을 주어 성호학파를 형성하였다.
③ 균전론을 주장하여 신분에 따라 차등 있게 토지를 재분배하자고 주장하였다.
④ 『우서』를 저술하여 상공업의 진흥과 기술의 혁신을 강조하고, 사농공상의 직업 평등과 전문화를 주장하였다.

12 (가)에 들어갈 역사적 사건에 대한 설명으로 옳지 않은 것은?

> 내 친구 중에 ⌐(가)⌐의 내용을 상세히 알고 있는 사람이 있다. 그는 일류 수재들이 일본인에게 이용당해 그처럼 크나큰 착오를 저질렀으니 참으로 애석한 일이라고 하였다. 어찌 일본인이 진심으로 김옥균을 성공하게 하고 성의 있게 조선의 운명을 위하여 노력하겠는가?

① 우정총국 개국 축하연을 이용하여 정변을 일으켰다.
② 혜상공국을 혁파하여 자유로운 상업 발전을 도모하려 하였다.
③ 청나라 군대의 개입으로 진압됐으며, 흥선 대원군은 청으로 압송되었다.
④ 청의 권유로 일본과 배상금 지급 등을 내용으로 하는 한성 조약을 체결하였다.

13 다음 동학 농민 운동의 전개 과정을 순서대로 바르게 나열한 것은?

> ㉠ 공주 우금치에서 농민군은 관군과 일본군에게 패배하였다.
> ㉡ 장성 황룡촌 전투에서 관군을 격파하고, 전주성까지 점령하였다.
> ㉢ 외국 군대 철수와 폐정 개혁 등을 조건으로 정부와 전주 화약을 체결하였다.
> ㉣ 전봉준과 농민들이 고부 관아를 습격하고, 수탈의 상징이던 만석보를 허물었다.

① ㉡ - ㉣ - ㉠ - ㉢
② ㉡ - ㉣ - ㉢ - ㉠
③ ㉣ - ㉡ - ㉠ - ㉢
④ ㉣ - ㉡ - ㉢ - ㉠

14 밑줄 친 '본처'에서 수행한 개혁의 내용으로 옳은 것은?

> 1. 군국의 기무 일체의 개혁을 담당한다.
> 2. 군국의 기무는 본처에서 의결한 뒤, 뜻을 품하여 시행한다.
> 3. 의원 10인 이상 20인 이하.
> 4. 군국에 관한 사무는 일단 모두 회의에 올려 상의할 것.

① 의정부를 내각으로 개편하였다.
② 신식 화폐 장정을 제정하여 은본위제를 채택하였다.
③ 교육입국조서를 반포하여 학교 제도를 정비하였다.
④ 지석영이 배워온 지식을 토대로 종두법을 시행하였다.

15 다음은 일제 강점기 어느 단체의 발기문이다. 이 단체가 조직된 이후의 역사적 사실로 옳은 것은?

> 공평은 사회의 근본이고 애정은 인류의 본령이다. … 직업의 구별이 있다고 한다면 금수의 생명을 빼앗는 자는 우리들만이 아니다.

① 이상설, 이동휘 등을 중심으로 대한광복군 정부가 수립되었다.
② 서일을 총재로 하는 대한독립군단이 러시아의 자유시로 이동하였다.
③ 조선 총독부 경무국장 미쓰야와 만주 군벌 장쭤린이 미쓰야 협정을 체결하였다.
④ 일제는 중국 마적들을 매수해서 훈춘의 일본 영사관과 민가를 습격하게 하였다.

16 다음 자료는 조선 시대 향촌 사회의 어느 조직에 대한 것이다. 이 조직에 대한 설명으로 옳은 것은?

> 가입하기를 원하는 자에게는 반드시 먼저 규약문을 보여 몇 달 동안 실행할 수 있는가를 스스로 헤아려 본 뒤에 가입하기를 청하게 한다. … 사람을 시켜 약정(約正)에게 바치면 약정은 여러 사람에게 물어서 좋다고 한 다음에야 글로 답하고, 다음 모임에 참여하게 한다.

① 군현마다 하나씩 설립되었으며, 중앙에서 교수를 파견하였다.
② 향촌 사회의 공동 조직에 유교적 이념을 결합시킨 자치 조직이다.
③ 국왕으로부터 편액, 토지, 서적, 노비 등을 하사받아 그 권위를 인정받은 경우도 있었다.
④ 본래 내세의 복을 빌기 위해 향을 땅에 묻는 행사인 매향 등을 위해 지방 사람들이 만든 조직이다.

17 다음 자료와 관련된 일제의 경제 수탈 정책에 대한 설명으로 옳은 것은?

> 만약 지주가 정해진 기한 내에 조사국 혹은 조사국 출장소원에게 신고 제출을 게을리 하거나 신고를 제출하지 아니하는 때는 당국에서 … 심사하여 만약 소유자로 인정하지 못할 경우에는 이 토지를 지주가 없는 것으로 간주하여 당연히 국유지로 편입하는 수단을 집행할 것이니 … (후략) …

① 토지와 임야를 함께 조사하도록 하였다.
② 농민은 관습적인 경작권을 제도적으로 인정받게 되었다.
③ 결과적으로 과세지 면적이 크게 늘어나 재정 수입이 증가하였다.
④ 일제는 토지 조사령을 공포한 뒤, 토지 조사국을 설치하여 정책을 추진하였다.

18 다음 역사적 사실들을 순서대로 바르게 나열한 것은?

> ㉠ 근대적 의료 시설인 광혜원이 설립되었다.
> ㉡ 르네상스식 건축 양식으로 지어진 덕수궁 석조전이 완공되었다.
> ㉢ 영국인 베델이 양기탁과 함께 대한매일신보를 창간하였다.
> ㉣ 사대의 상징인 영은문을 허물고 그 자리에 독립문을 건립하였다.

① ㉠ - ㉣ - ㉡ - ㉢
② ㉠ - ㉣ - ㉢ - ㉡
③ ㉣ - ㉠ - ㉢ - ㉡
④ ㉣ - ㉡ - ㉢ - ㉠

19 광복 이후 각 정치인의 활동에 대한 설명으로 옳지 않은 것은?

① 김규식은 좌·우 합작 위원회를 주도하였고, 남북 협상에 참여하였다.
② 여운형은 조선건국동맹을 모체로 하여 좌우 연합의 조선건국준비위원회를 조직하였다.
③ 송진우와 김성수 등은 임시 정부의 지지를 선언하고, 이후에 한국 민주당을 창당하였다.
④ 김구는 유엔 소총회의 결의안을 적극적으로 지지하며 즉각 총선거를 실시해야 한다고 주장하였다.

20 다음 시기의 역사적 사실로 옳은 것은?

> 정부는 당시 유행하던 장발을 대표적인 퇴폐 풍조로 규정하고 단속하였다. 경찰은 장발을 하고 다니는 젊은이들을 길거리에서 검거하여 즉석에서 머리를 자르기도 하였다.

① 일본과 한·일 협정을 체결하여 국교를 회복하였다.
② 대학생 이한열이 시위 중에 경찰이 쏜 최루탄에 맞아 사망하였다.
③ 재야 인사들이 3·1 민주 구국 선언을 발표하여 유신 체제를 정면으로 비판하였다.
④ 시국 선언을 발표한 대학 교수들이 '학생의 피에 보답하라'라는 구호를 내걸고 시위를 벌였다.

시험 직전

최종 마무리 모의고사

박문각 공무원

노범석 한국사

파이널
모의고사

부록 기출문제

01 다음 풍습이 있었던 나라에 대한 설명으로 옳은 것은?

> 가족이 죽으면 시체를 가매장하였다가 나중에 그 뼈를 추려서 가족 공동 무덤인 커다란 목곽에 안치하였다. 목곽 입구에는 죽은 자가 먹을 양식으로 쌀을 담은 항아리를 매달아 놓기도 하였다.   -『삼국지』 위서 동이전

① 민며느리제라는 혼인 풍습이 있었다.
② 제가가 별도로 사출도를 다스렸다.
③ 소도라는 신성 구역이 존재하였다.
④ 무천이라는 제천행사를 열었다.

02 우리나라 유네스코 세계유산에 대한 설명으로 옳지 않은 것은?

① 미륵사지에는 목탑 양식의 석탑이 있다.
② 정림사지에는 백제의 5층 석탑이 남아 있다.
③ 능산리 고분군에는 계단식 돌무지무덤이 있다.
④ 무령왕릉에는 무덤 주인공을 알려주는 지석이 있었다.

03 조선 시대의 관청에 대한 설명으로 옳은 것은?

① 사간원 - 교지를 작성하였다.
② 한성부 - 시정기를 편찬하였다.
③ 춘추관 - 외교문서를 작성하였다.
④ 승정원 - 국왕의 명령을 출납하였다.

04 (가)에 대한 설명으로 옳은 것은?

> 3·1 운동 직후에 만들어진 [(가)]은/는 연통제라는 비밀 행정 조직을 만들었으며, 국내 인사와의 연락과 이동을 위해 교통국을 두었다. 또 외교 선전물을 간행하여 일제 침략의 부당성을 널리 알리고자 하였다. 그러나 이러한 활동은 뚜렷한 성과를 내지 못하였다. 그러한 가운데 [(가)]의 활동 방향을 두고 외교 운동 노선과 무장투쟁 노선 사이에서 갈등이 빚어지기도 하였다.

① 외교 운동을 위해 미국에 구미 위원부를 설치하였다.
② 비밀결사 운동을 추진하고자 독립 의군부를 만들었다.
③ 이인영, 허위 등을 중심으로 서울 진공 작전을 추진하였다.
④ 영국인 베델을 발행인으로 한 대한매일신보를 창간하였다.

05 다음 (가), (나) 승려에 대한 설명으로 옳은 것은?

> (가) 중국 유학에서 돌아와 부석사를 비롯한 여러 사원을 건립하였으며, 문무왕이 경주에 성곽을 쌓으려 할 때 만류한 일화로 유명하다.
> (나) 진골 귀족 출신으로 대국통을 역임하였으며, 선덕여왕에게 황룡사 9층탑의 건립을 건의하였다.

① (가)는 모든 것이 한마음에서 나온다는 일심 사상을 제시하였다.
② (가)는 『화엄일승법계도』를 만들었다.
③ (나)는 『왕오천축국전』이라는 여행기를 남겼다.
④ (나)는 이론과 실천을 같이 강조하는 교관겸수를 제시하였다.

06 (가) 왕에 대한 설명으로 옳은 것은?

당 현종 개원 7년에 대조영이 죽으니, 그 나라에서 사사로이 시호를 올려 고왕(高王)이라 하였다. 아들 　(가)　 이/가 뒤이어 왕위에 올라 영토를 크게 개척하니, 동북의 모든 오랑캐가 겁을 먹고 그를 섬겼으며, 또 연호를 인안(仁安)으로 고쳤다.
- 『신당서』

① 수도를 상경성으로 옮겼다.
② 해동성국이라고 불릴 만큼 전성기를 이루었다.
③ 장문휴를 시켜 당의 등주(산둥성)를 공격하였다.
④ 고구려 유민과 말갈족을 이끌고 동모산에 도읍을 정하였다.

07 (가)~(라) 국왕 대에 있었던 사실로 옳지 않은 것은?

조선 시대 국가를 운영하는 핵심 법전인 『경국대전』은 세조 대에 그 편찬이 시작되어 　(가)　 대에 완성되었다. 이후 여러 차례의 전쟁으로 혼란에 빠진 국가 체제를 수습하고 새로운 정치 사회적 변화에 대응하기 위해 법전 정비가 필요하게 되었다. 이에 따라 　(나)　 때에 『속대전』을 편찬하였으며, 　(다)　 때에 『대전통편』을, 그리고 　(라)　 때에는 『대전회통』을 편찬하였다.

① (가) - 홍문관을 두어 집현전을 계승하였다.
② (나) - 서원을 붕당의 근거지로 인식하여 대폭 정리하였다.
③ (다) - 사도세자의 무덤을 옮기고 화성을 축조하였다.
④ (라) - 삼정의 문란을 바로잡기 위해 삼정이정청을 설치했다.

08 밑줄 친 '사건'의 명칭은?

중종에 의해 등용된 조광조는 현량과를 통해 사림을 대거 등용하였다. 그는 3사의 언관직을 통해 개혁을 추진해 나갔고, 위훈삭제를 주장하기도 하였다. 이러한 움직임은 반발을 불러일으켰으며, 중종도 급진적인 개혁 조치에 부담을 느껴 조광조 등을 제거하였다. 이 사건으로 사림은 큰 피해를 입었다.

① 갑자사화　　　　　② 기묘사화
③ 무오사화　　　　　④ 을사사화

09 (가), (나)에 대한 설명으로 옳은 것은?

(가) 역사서의 저자는 다음과 같은 글을 지어 왕에게 바쳤다. "성상 전하께서 옛 사서를 널리 열람하시고, '지금의 학사 대부는 모두 오경과 제자의 책과 진한(秦漢) 역대의 사서에는 널리 통하여 상세히 말하는 이는 있으나, 도리어 우리나라의 사실에 대하여서는 망연하고 그 시말(始末)을 알지 못하니 심히 통탄할 일이다. 하물며 신라 고구려 백제가 나라를 세우고 정립하여 능히 예의로써 중국과 통교한 까닭으로 범엽의 한서 나 송기의 당서 에는 모두 열전이 있으나 국내는 상세하고 국외는 소략하게 써서 자세히 실리지 않았다. … (중략) … 일관된 역사를 완성하고 만대에 물려주어 해와 별처럼 빛나게 해야 하겠다.'라고 하셨다."
(나) 역사서에는 다음과 같은 서문이 실려 있다. "부여씨와 고씨가 망한 다음에 김씨의 신라가 남에 있고, 대씨의 발해가 북에 있으니 이것이 남북국이다. 여기에는 마땅히 남북국사가 있어야 할 터인데, 고려가 그것을 편찬하지 않은 것은 잘못이다."

① (가)는 동명왕의 업적을 칭송한 영웅 서사시이다.
② (가)는 불교를 중심으로 고대 설화를 수록하였다.
③ (나)는 만주 지역까지 우리 역사의 범위를 확장하였다.
④ (나)는 고조선부터 고려에 이르는 역사를 체계적으로 정리하였다.

10 다음 주장을 한 실학자가 쓴 책은?

토지를 겸병하는 자라고 해서 어찌 진정으로 빈민을 못살게 굴고 나라의 정치를 해치려고 했겠습니까? 근본을 다스리고자 하는 자라면 역시 부호를 심하게 책망할 것이 아니라 관련 법제가 세워지지 않은 것을 걱정해야 할 것입니다. … (중략) … 진실로 토지의 소유를 제한하는 법령을 세워, "어느 해 어느 달 이후로는 제한된 면적을 초과해 소유한 자는 더는 토지를 점하지 못한다. 이 법령이 시행되기 이전부터 소유한 것에 대해서는 아무리 광대한 면적이라 해도 불문에 부친다. 자손에게 분급해 주는 것은 허락한다. 만약에 사실대로 고하지 않고 숨기거나 법령을 공포한 이후에 제한을 넘어 더 점한 자는 백성이 적발하면 백성에게 주고, 관(官)에서 적발하면 몰수한다."라고 하면, 수십 년이 못 가서 전국의 토지 소유는 균등하게 될 것입니다.

① 『반계수록』　　　　② 『성호사설』
③ 『열하일기』　　　　④ 『목민심서』

11 (가) 시기에 있었던 사실로 옳은 것은?

> 한국을 식민지로 삼은 일제는 헌병에게 경찰 업무를 부여한 헌병 경찰제를 시행했다. 헌병 경찰은 정식 재판 없이 한국인에게 벌금 등의 처벌을 가하거나 태형에 처할 수도 있었다. 한국인은 이처럼 강압적인 지배에 저항해 3·1 운동을 일으켰으며, 일제는 이를 계기로 지배 정책을 전환했다. 일제가 한국을 병합한 직후부터 3·1 운동이 벌어진 때까지를 <u>(가)</u> 시기라고 부른다.

① 토지 조사령이 공포되었다.
② 창씨개명 조치가 시행되었다.
③ 초등 교육 기관의 명칭이 국민학교로 변경되었다.
④ 전쟁 물자 동원을 내용으로 한 국가총동원법이 적용되었다.

12 밑줄 친 '그'에 대한 설명으로 옳은 것은?

> 한국 국민당을 이끌던 <u>그</u>는 독립운동 세력을 통합하고자 한국 독립당을 결성해 항일 운동을 주도하였다. 광복 직후 귀국한 그는 정부 수립을 위한 활동을 이어나갔으며, 남한 단독 선거가 결정되자 김규식과 더불어 남북 협상을 위해 평양을 방문하기도 하였다.

① 좌우 합작 위원회를 구성해 좌우 합작 7원칙을 발표하였다.
② 광복 직후 안재홍 등과 함께 조선건국준비위원회를 만들었다.
③ 무장 항일투쟁을 위해 하와이로 건너가 대조선국민군단을 결성하였다.
④ 모스크바 3국 외상 회의의 결정 사항이 알려지자 신탁통치 반대 운동을 펼쳤다.

13 제헌 국회에 대한 설명으로 옳은 것은?

① 반민족 행위 특별 조사 위원회를 구성하였다.
② 한·일 기본 조약 체결에 반대하는 성명을 내놓았다.
③ 통일 3대 원칙이 언급된 7·4 남북 공동 성명을 발표하였다.
④ 통일주체국민회의에서 대통령을 뽑는다는 내용의 개헌안을 통과시켰다.

14 밑줄 친 '그'에 대한 설명으로 옳은 것은?

> 고종이 즉위한 직후에 실권을 장악한 <u>그</u>는 러시아를 견제하기 위해 천주교 선교사를 통해 프랑스와 교섭하려 했다. 하지만 천주교를 금지해야 한다는 유생의 주장이 높아지자 다수의 천주교도와 선교사를 잡아들여 처형한 병인박해를 일으켰다. 이후 고종의 친정이 시작됨에 따라 물러난 그는 임오군란이 일어났을 때 잠시 권력을 장악했지만, 청군의 개입으로 곧 물러났다.

① 미국에 보빙사라는 사절단을 파견하였다.
② 전국 여러 곳에 척화비를 세우도록 했다.
③ 국경을 획정하고자 백두산 정계비를 세웠다.
④ 통리기무아문을 설치하고 그 아래에 12사를 두었다.

15 밑줄 친 '이 왕'에 대한 설명으로 옳은 것은?

> 백제 개로왕은 장기와 바둑을 좋아하였는데, 도림이 고하기를 "제가 젊어서부터 바둑을 배워 꽤 묘한 수를 알게 되었으니 개로왕께 알려드리기를 원합니다."라고 하였다. … (중략) … 개로왕이 (도림의 말을 듣고) 나라 사람을 징발하여 흙을 쪄서 성(城)을 쌓고 그 안에는 궁실, 누각, 정자를 지으니 모두가 웅장하고 화려하였다. 이로 말미암아 창고가 비고 백성이 곤궁하니, 나라의 위태로움이 알을 쌓아 놓은 것보다 더 심하게 되었다. 그제야 도림이 도망을 쳐 와서 그 실정을 고하니 <u>이 왕</u>이 기뻐하여 백제를 치려고 장수에게 군사를 나누어 주었다.　ー『삼국사기』

① 평양으로 도읍을 천도하였다.
② 진대법을 처음으로 시행하였다.
③ 낙랑군을 점령하고 한 군현 세력을 몰아내었다.
④ 신라에 침입한 왜군을 낙동강 유역에서 물리쳤다.

16 다음 설명에 해당하는 문화유산은?

> 이 건물은 주심포 양식에 맞배지붕 건물로 기둥은 배흘림 양식이다. 1972년 보수 공사 중에 공민왕 때 중창하였다는 상량문이 나와 우리나라에서 가장 오래된 목조 건물로 보고 있다.

① 서울 흥인지문　　　② 안동 봉정사 극락전
③ 영주 부석사 무량수전　④ 합천 해인사 장경판전

17 (가) 단체에 대한 설명으로 옳은 것은?

> 아관파천 이후 러시아의 영향력이 강화되고 열강의 이권 침탈이 가속화되었다. 이러한 가운데 서재필 등은 　(가)　 을/를 만들었다. 　(가)　 은/는 고종에게 자주독립을 굳건히 하고 내정 개혁을 단행하라는 내용이 담긴 상소문을 제출하였으며, 만민 공동회를 개최하여 외국의 간섭과 일부 관리의 부정부패를 비판하였다.

① 교육입국조서를 작성해 공포하였다.
② 영은문이 있던 자리 부근에 독립문을 세웠다.
③ 개혁의 기본 강령인 홍범 14조를 발표하였다.
④ 일본에 진 빚을 갚자는 국채 보상 운동을 일으켰다.

18 (가) 시기의 사실로 옳지 않은 것은?

무신 정권 몰락
⇩
(가)
⇩
공민왕 즉위

① 만권당이 만들어졌다.
② 정동행성이 설치되었다.
③ 쌍성총관부가 수복되었다.
④ 『제왕운기』가 저술되었다.

19 밑줄 친 '이 나라'의 경제 상황에 대한 설명으로 옳지 않은 것은?

> 이 나라에는 관리에게 정해진 면적의 토지에서 조세를 거둘 수 있는 권리를 나누어주는 전시과라는 제도가 있었다. 농민은 소를 이용해 깊이갈이를 하기도 했으며, 시비법의 발달로 휴경지가 점차 줄어들었다. 밭농사는 2년 3작의 윤작법이 점차 보급되었다. 이 나라의 말기에는 직파법 대신 이앙법이 남부 지방 일부에 보급될 정도로 논농사에 변화가 나타났다. 또한 이암에 의해 중국 농서인 『농상집요』도 소개되었다.

① 재정을 운영하는 관청으로 삼사를 두었다.
② 공물 부과 기준이 가호에서 토지로 바뀌었다.
③ 생산량의 10분의 1에 해당하는 조세를 거두었다.
④ 소라는 행정구역의 주민이 국가에서 필요로 하는 물품을 생산하였다.

20 (가) 시기에 있었던 일로 옳은 것은?

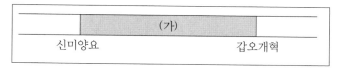

① 을사늑약 체결
② 정미의병 발생
③ 오페르트 도굴 미수 사건
④ 조·미 수호 통상 조약 체결

01 밑줄 친 '그'에 대한 설명으로 옳은 것은?

> 이날 소정방이 부총관 김인문 등과 함께 기벌포에 도착하여 백제 군사와 마주쳤다. … (중략) … 소정방이 신라군이 늦게 왔다는 이유로 군문에서 신라 독군 김문영의 목을 베고자 하니, 그가 군사들 앞에 나아가 "황산 전투를 보지도 않고 늦게 온 것을 이유로 우리를 죄주려 하는구나. 죄도 없이 치욕을 당할 수는 없으니, 결단코 먼저 당나라 군사와 결전을 한 후에 백제를 쳐야겠다."라고 말하였다.

① 살수에서 수의 군대를 물리쳤다.
② 김춘추의 신라 왕위 계승을 지원하였다.
③ 청해진을 설치하고 해상 무역을 전개하였다.
④ 대가야를 정벌하여 낙동강 유역을 확보하였다.

02 다음 사건이 있었던 시기의 신라 국왕에 대한 설명으로 옳은 것은?

> 이찬 이사부가 하슬라주 군주가 되어, '우산국 사람이 우매하고 사나워서 위엄으로 복종시키기는 어려우니 계책을 써서 굴복시키는 것이 좋겠다.'라고 생각하였다. 이에 나무로 사자 모형을 많이 만들어 배에 나누어 싣고 우산국 해안에 이르러, 속임수로 통고하기를 "만약에 너희가 항복하지 않는다면 곧바로 이 맹수들을 풀어 너희를 짓밟아 죽이겠다."라고 하였다. 그 나라 사람이 두려워 즉시 항복하였다.

① 독서삼품과를 실시하였다.
② 국호를 신라로 확정하였다.
③ 관료전을 지급하고 녹읍을 폐지하였다.
④ 장문휴를 보내 당의 등주를 공격하였다.

03 밑줄 친 '이 나라'에 대한 설명으로 옳은 것은?

> • 이 나라에서 귀하게 여기는 것에는 태백산의 토끼, 남해부의 다시마, 책성부의 된장, 부여부의 사슴, 막힐부의 돼지, 솔빈부의 말, 현주의 베, 옥주의 면, 용주의 명주, 위성의 철, 노성의 쌀 등이 있다. — 『신당서』
> • 이 나라의 땅은 영주(營州)의 동쪽 2천 리에 있으며, 남으로는 신라와 서로 접한다. 월희말갈에서 동북으로 흑수말갈에 이르는데, 사방 2천 리, 호는 십여 만, 병사는 수만 명이다. — 『구당서』

① 중앙에 6좌평의 관제를 마련하였다.
② 9서당 10정의 군사 조직을 갖추었다.
③ 지방을 5경 15부 62주로 편성하였다.
④ 제가회의에서 국가의 중대사를 결정하였다.

04 밑줄 친 '왕'의 업적으로 옳은 것은?

> 풍토에 따라 곡식을 심고 가꾸는 법이 다르니, 고을의 경험 많은 농부를 각 도의 감사가 방문하여 농사짓는 방법을 알아본 후 아뢰라고 왕께서 명령하셨다. 이어 왕께서 정초와 변효문 등을 시켜 감사가 아뢴 바 중에서 꼭 필요하고 중요한 것만을 뽑아 『농사직설』을 편찬하게 하셨다.

① 공법을 제정하였다.
② 한양으로 도읍을 옮겼다.
③ 『경국대전』을 완성하였다.
④ 조광조를 등용하여 개혁 정치를 실시하였다.

05 밑줄 친 '이들'에 해당하는 것은?

> 이들의 과거 응시와 벼슬을 제한한 것은 우리나라의 옛 법이 아니다. 그런데 『경국대전』을 편찬한 뒤부터 이들을 금고(禁錮)하였으니, 아직 백 년이 채 되지 않았다. 또한 다른 나라에 이러한 법이 있다는 말은 듣지 못했다. 경대부(卿大夫)의 자식인데 오직 어머니가 첩이라는 이유만으로 대대로 이들의 벼슬길을 막아, 비록 훌륭한 재주와 쓸만한 자질이 있어도 이를 발휘할 수 없게 하였으니, 참으로 안타깝다.

① 향리
② 노비
③ 서얼
④ 백정

06 밑줄 친 '왕'의 재위 기간에 있었던 일로 옳은 것은?

> • 평농서사 권신(權信)이 대상(大相) 준홍(俊弘)과 좌승(佐丞) 왕동(王同) 등이 반역을 꾀한다고 참소하자 왕이 이들을 내쫓았다.
> • 왕이 쌍기의 건의를 받아 처음으로 과거를 실시하였다. 시(詩)·부(賦)·송(頌) 및 시무책을 시험하여 진사를 뽑았으며, 더불어 명경업·의업·복업 등도 뽑았다.

① 노비안검법을 제정하였다.
② 전민변정도감을 설치하였다.
③ 토지 제도로서 전시과를 시행하였다.
④ 12목을 설치하고 지방관을 파견하였다.

07 다음 글은 어떤 사건이 일어났을 때 발표되었는가?

> 1. 마산, 서울 기타 각지의 데모는 주권을 빼앗긴 국민의 울분을 대신하여 궐기한 학생들의 순수한 정의감의 발로이며 부정과 불의에는 언제나 항거하는 민족정기의 표현이다.
> … (중략) …
> 3. 합법적이고 평화적인 데모 학생에게 총탄과 폭력을 거리낌 없이 남용하여 참극을 빚어낸 경찰은 자유와 민주를 기본으로 한 대한민국의 국립 경찰이 아니라 불법과 폭력으로 권력을 유지하려는 일부 정부 집단의 사병이다.
> ─ 「대학 교수단 4·25 선언문」

① 4·19 혁명
② 5·18 민주화 운동
③ 6·3 시위
④ 6·29 민주화 선언

08 밑줄 친 '이 시기'에 있었던 사실로 옳은 것은?

> 이 시기의 불교 조각은 지역에 따라 다양하게 제작되었다. 처음에는 하남 하사창동의 철조 석가여래 좌상과 같은 대형 철불이 많이 제작되었다. 또한 덩치가 큰 석불이 유행하였는데, 논산 관촉사 석조 미륵보살 입상이 대표적이다. 이 불상은 큰 규모에 비해 조형미는 다소 떨어지지만, 소박한 지방 문화의 모습을 잘 보여 준다.

① 성골 출신의 국왕이 재위하였다.
② 지방 세력으로 호족이 존재하였다.
③ 풍양 조씨 등 특정 가문이 정권을 장악하였다.
④ 성리학에 투철한 사림 세력이 정국을 주도하였다.

09 역사서에 대한 설명으로 옳은 것만을 모두 고르면?

> ㄱ. 김부식의 『삼국사기』에는 단군 신화가 수록되어 있다.
> ㄴ. 이규보의 『동명왕편』은 고구려 계승 의식을 강조하였다.
> ㄷ. 안정복의 『동사강목』은 기사본말체로 역사를 서술하였다.
> ㄹ. 유득공의 『발해고』에는 남북국이라는 용어가 사용되었다.

① ㄱ, ㄴ
② ㄱ, ㄷ
③ ㄴ, ㄹ
④ ㄷ, ㄹ

10 밑줄 친 '나'가 국왕으로 재위하던 기간에 있었던 일은?

> 팔순 동안 내가 한 일을 만약 나 자신에게 묻는다면
> 첫째는 탕평책인데, 스스로 '탕평'이란 두 글자가 부끄럽다.
> 둘째는 균역법인데, 그 효과가 승려에게까지 미쳤다.
> 셋째는 청계천 준설인데, 만세에 이어질 업적이다.
> … (하략) …
> ─ 「어제문업(御製問業)」

① 장용영이 창설되었다.
② 나선정벌이 단행되었다.
③ 홍경래의 난이 발생하였다.
④ 『동국문헌비고』가 편찬되었다.

11 (가) 시기에 있었던 사실로 옳은 것은?

> 을미사변
> ↓
> (가)
> ↓
> 러·일 전쟁

① 독립문이 건립되었다.
② 통감부가 설치되었다.
③ 동양 척식 주식회사가 설립되었다.
④ 임진왜란 때 소실된 경복궁이 중건되었다.

12 밑줄 친 '왕'의 재위 기간에 있었던 일로 옳은 것은?

> 왕의 어릴 때 이름은 모니노이며, 신돈의 여종 반야의 소생이었다. 어떤 사람은 "반야가 낳은 아이가 죽어서 다른 아이를 훔쳐서 길렀는데, 공민왕이 자신의 아들이라고 칭하였다."라고 하였다. 왕은 공민왕이 죽은 뒤 이인임의 추대로 왕위에 올랐다. 이후 이인임, 염흥방, 임견미 등이 권력을 잡아 극심하게 횡포를 부렸다.

① 이종무가 왜구의 소굴인 대마도를 정벌하였다.
② 삼별초가 반란을 일으켜 대몽 항쟁을 계속하였다.
③ 쌍성총관부를 공격해 철령 이북 지역을 수복하였다.
④ 요동 정벌을 위해 출병한 이성계가 위화도에서 회군하였다.

13 다음과 관련된 운동에 대한 설명으로 옳은 것은?

① 가뭄과 홍수로 인해 중단되었다.
② 조선총독부의 회사령에 맞서기 위해 전개되었다.
③ 일부 사회주의자는 자본가 계급을 위한 운동이라고 비판하였다.
④ 조선에 사는 일본인이 일본 자본에 대항하기 위해 일으켰다.

14 다음과 같은 대통령 선출 방식이 포함된 헌법의 내용으로 옳지 않은 것은?

> 제39조 ① 대통령은 통일주체국민회의에서 토론없이 무기명투표로 선거한다.
> ② 통일주체국민회의에서 재적 대의원 과반수의 찬성을 얻은 자를 대통령당선자로 한다.

① 대통령은 국회를 해산할 수 있다.
② 대통령의 임기는 7년으로 하며, 중임할 수 없다.
③ 대법원장은 대통령이 국회의 동의를 얻어 임명한다.
④ 대통령은 국정 전반에 걸쳐 필요한 긴급조치를 할 수 있다.

15 다음 사건을 시기순으로 바르게 나열한 것은?

> (가) 신라의 한강 유역 확보
> (나) 관산성 전투
> (다) 백제의 웅진 천도
> (라) 고구려의 평양 천도

① (가) → (라) → (나) → (다)
② (나) → (다) → (가) → (라)
③ (다) → (나) → (가) → (라)
④ (라) → (다) → (가) → (나)

16 (가) 인물에 대한 설명으로 옳은 것은?

> 군대를 이끌고 통주성 남쪽으로 나가 진을 친 ⎡(가)⎤ 은/는 거란군에게 여러 번 승리를 거두었다. 하지만 자만하게 된 그는 결국 패해 거란군의 포로가 되었다. 거란의 임금이 그의 결박을 풀어 주며 "내 신하가 되겠느냐?"라고 물으니, ⎡(가)⎤ 은/는 "나는 고려 사람인데 어찌 너의 신하가 되겠느냐?"라고 대답하였다. 재차 물었으나 같은 대답이었으며, 칼로 살을 도려내며 물어도 대답은 같았다. 거란은 마침내 그를 처형하였다.

① 묘청의 난을 진압하였다.
② 별무반의 편성을 건의하였다.
③ 목종을 폐위하고 현종을 옹립하였다.
④ 거란과 협상하여 강동 6주 지역을 고려 영토로 확보하였다.

17 밑줄 친 '저'에 대한 설명으로 옳은 것은?

> 올해 초가을에 비로소 저는 책을 완성하여 그 이름을 『성학집요』라고 하였습니다. 이 책에는 임금이 공부해야 할 내용과 방법, 정치하는 방법, 덕을 쌓아 실천하는 방법과 백성을 새롭게 하는 방법이 실려 있습니다. 또한 작은 것을 미루어 큰 것을 알게 하고 이것을 미루어 저것을 밝혔으니, 천하의 이치가 여기에서 벗어나지 않을 것입니다. 따라서 이것은 저의 글이 아니라 성현의 글이옵니다.

① 예안향약을 만들었다.
② 『동호문답』을 저술하였다.
③ 백운동서원을 건립하였다.
④ 왕자의 난 때 죽임을 당했다.

18 밑줄 친 '나'에 대한 설명으로 옳은 것만을 모두 고르면?

> 오늘날 사람은 모두 법에 의하여 생활하고 있는데 실제로 사람을 죽인 자가 벌을 받지 않고 생존할 도리는 없는 것이다. … (중략) … 나는 한국의 의병이며 지금 적군의 포로가 되어 와 있으므로 마땅히 만국공법에 의해 처단되어야 할 것으로 생각한다.

> ㉠ 일본에서 순국하였다.
> ㉡ 한인 애국단 소속이었다.
> ㉢ 『동양평화론』을 집필하였다.
> ㉣ 연해주에서 의병 투쟁을 전개하였다.

① ㉠, ㉡   ② ㉠, ㉣
③ ㉡, ㉢   ④ ㉢, ㉣

19 다음 조항을 포함한 법률에 대한 설명으로 옳지 않은 것은?

> 제1조 일본 정부와 통모하여 한일 합병에 적극 협력한 자, 한국의 주권을 침해하는 조약 또는 문서에 조인한 자와 이를 모의한 자는 사형 또는 무기 징역에 처하고, 그 재산과 유산의 전부 혹은 2분의 1 이상을 몰수한다.

① 이 법률은 제헌국회에서 제정되었다.
② 이 법률은 농지개혁법이 제정된 후 제정되었다.
③ 이 법률에 의해 반민특위와 특별 재판부가 구성되었다.
④ 이 법률에 의해 친일 경력을 지닌 고위 경찰 간부가 체포되었다.

20 다음 글은 (가)의 부탁을 받고 (나)가 지은 것이다. (가)와 (나)에 대한 설명으로 옳은 것은?

> 우리는 '외교', '준비' 등의 미련한 꿈을 버리고 민중 직접 혁명의 수단을 취함을 선언하노라. 조선 민족의 생존을 유지하자면 강도 일본을 쫓아내야 하고, 강도 일본을 쫓아내려면 오직 혁명으로써만 가능하니, 혁명이 아니고는 강도 일본을 쫓아낼 방법이 없는 바이다.

① (가)는 조선 의용대를 결성하였고, (나)는 국혼을 강조하였다.
② (가)는 신흥 무관 학교를 세웠고, (나)는 형평사를 창립하였다.
③ (가)는 조선건국동맹을 조직하였고, (나)는 식민 사학의 한국사 정체성론을 반박하였다.
④ (가)는 황포 군관 학교에서 훈련받았고, (나)는 민족주의 역사 서술의 기본 틀을 제시하였다.

부록
2

시험 직전
최종 마무리 모의고사

정답 및 해설

정답 및 해설 - 선사~중세 정치사

구분	정치	경제	사회	문화
선사	1, 2			
고대	3, 4, 5, 6, 7, 8	19		17
중세	9, 10, 11, 12, 13, 14, 15, 16		20	18

평균 점수: 57.8
상위 30% 점수: 85.75

Answer

1	①	2	①	3	③	4	①	5	②
6	②	7	④	8	④	9	②	10	②
11	③	12	④	13	③	14	④	15	③
16	②	17	④	18	②	19	④	20	④

01 신석기 시대   정답 ①

정답률(%)	문항별 선택비율(%)			
	①	②	③	④
45.45	45.45	4.55	39.39	10.61

제시된 자료는 신석기 시대의 경제생활에 대해 서술하고 있다. ① 정착 생활을 하면서 경제적 여유가 생긴 신석기 사람들은 팔찌나 목걸이, 귀걸이 등 치레걸이를 만들어 자신의 몸을 꾸몄다. 치레걸이는 몸을 치장하는 데 사용되었을 뿐만 아니라 의례나 주술 등의 목적으로도 사용되었다.

오답분석 ② 청동기 시대의 움집에 대한 설명이다. ③ 애니미즘이 아니라 샤머니즘에 대한 설명이다. ④ 청동기 시대의 유적에 대한 설명이다.

02 고조선   정답 ①

정답률(%)	문항별 선택비율(%)			
	①	②	③	④
46.97	46.97	18.18	12.12	22.73

제시된 자료는 진·한 교체기에 위만이 1천여 명의 무리를 이끌고 고조 선에 망명한 것과 관련된 내용이다. ① 기원전 7세기에 고조선은 산동 지방에 있던 제나라와 무역을 했다는 기록이 『관자』에 있다.

오답분석 ② 위만 조선 시기인 우거왕 때의 일이다. ③ 위만 조선 때의 일이다. ④ 위만 조선은 남쪽으로 황해도 일대(진번)와 동북으로는 함경 도 일대(임둔)로 세력을 뻗쳐 한강 이북을 차지하였다.

03 고구려의 발전   정답 ③

정답률(%)	문항별 선택비율(%)			
	①	②	③	④
77.27	6.06	10.61	77.27	6.06

ⓒ 기원후 3년, 유리왕 때의 일이다. ⑤ 태조왕 때의 일이다. ② 고국천 왕 때의 행정 구역 개편에 대한 설명이다. ② 3세기 동천왕 때의 일이다.

04 백제 근초고왕   정답 ①

정답률(%)	문항별 선택비율(%)			
	①	②	③	④
69.7	69.7	13.64	6.06	10.61

제시된 자료는 백제 근초고왕 때의 평양성 전투에 대한 내용이다. ① 근 초고왕 때부터 왕위의 부자 상속제를 확립하였다.

오답분석 ② 백제 고이왕 때의 영토 확장에 대한 설명이다. ③ 침류왕 때 의 일이다. ④ 백제 비유왕의 업적에 대한 설명이다.

05 삼국 통일   정답 ②

정답률(%)	문항별 선택비율(%)			
	①	②	③	④
51.52	13.64	51.52	27.27	7.28

수나라 건국은 581년, 살수대첩은 612년, 평양성 함락은 668년, 매소성 전투는 675년, 발해 건국은 698년의 일이다. ② 당나라는 660년 백제를 멸망시킨 뒤에 웅진도독부를 설치하고, 의자왕의 아들 부여융을 도독으 로 삼아 주민을 다스리게 하였다.

오답분석 ① 고구려가 천리장성을 쌓기 시작한 것은 631년부터의 일로, 당나라의 침입에 대비하기 위해서이다. (가) 시기는 당나라 건국 이전으 로, 시기상 적절하지 못하다. ③ 663년의 일로, (나) 시기에 속한다. ④ 문무왕 때인 671년의 일로, (다) 시기에 속한다.

06 금관가야   정답 ②

정답률(%)	문항별 선택비율(%)			
	①	②	③	④
65.15	6.06	65.15	13.64	15.15

제시된 자료의 밑줄 친 '왕'은 금관가야를 건국한 김수로를 일컫는다. ② 대가야가 중심이 된 후기 가야 연맹은 전성기에 소백산맥을 넘어 전라 북도 일부 지역까지 영역을 확장하였다.

오답분석 ①, ③ 금관가야에 대한 설명이다. ④ 고구려가 왜군과 싸우는 신라를 돕기 위해 5만의 군대를 보내 가야 지역을 공격해 오자, 금관가 야는 큰 타격을 입어 맹주로서의 지위를 상실하였다.

07 신라 하대의 정치 상황 정답 ④

정답률(%)	문항별 선택비율(%)			
	①	②	③	④
65.15	3.03	9.09	22.73	65.15

(가)는 헌덕왕 때인 822년에 일어난 김헌창의 난에 대한 내용이고, (나)는 진성여왕 때인 896년에 일어난 적고적의 난과 관련된 내용이다. ④ 785년 선덕왕이 후사 없이 죽자, 내물왕계인 김경신(원성왕)과 무열왕계인 김주원이 왕위를 둘러싸고 경쟁하였다. 결국 왕위 다툼에서 패배한 김주원은 이후 명주(강원도 강릉)로 낙향하였다.

오답분석 ① 흥덕왕 때의 일이다. ② 839년 김우징은 청해진 대사 장보고 군대의 힘을 빌려 민애왕을 죽이고 왕위에 올랐다(신무왕). ③ 원종과 애노가 반란을 일으킨 것은 진성여왕 때인 889년의 일이다. 이후 반란은 점차 조직화되어 적고적의 난 등이 일어나게 되었다.

08 진흥왕 정답 ④

정답률(%)	문항별 선택비율(%)			
	①	②	③	④
54.55	12.12	25.76	7.58	54.55

제시된 자료는 진흥왕의 업적이다. ④ 진흥왕 때 함흥 지역까지 진출하여 옛 옥저와 동예의 땅까지 차지하였고, 마운령비와 황초령비를 건립하였다.

오답분석 ① 지증왕 때의 일이다. ② 진덕여왕의 업적이다. ③ 태종 무열왕(= 김춘추)은 최초의 진골 출신 왕으로, 상대등 알천과의 경쟁을 물리치고 왕위에 올랐다.

09 광종 정답 ②

정답률(%)	문항별 선택비율(%)			
	①	②	③	④
75.76	6.06	75.76	10.61	7.58

제시된 자료는 고려 광종이 노비안검법을 실시했을 때 지배층이 반발한 것과 관련된 내용이다. ② 광종은 왕권 강화를 목적으로 대상 준홍, 좌승 왕동 등 공신 세력을 모역죄로 숙청하였다.

오답분석 ① 성종 때 실시된 문무 산계제에 대한 설명이다. ③ 정종 때의 일이다. ④ 고려 태조의 호족 포섭 정책에 대한 설명이다.

10 어사대 정답 ②

정답률(%)	문항별 선택비율(%)			
	①	②	③	④
63.64	7.58	63.64	10.61	18.18

제시된 자료는 고려의 감찰 기구인 어사대에 대해 설명하고 있다. ② 어사대와 중서문하성의 낭사는 왕명을 거부할 수 있는 봉박권을 가지고 있어 왕권을 견제하는 역할을 하였다.

오답분석 ① 한림원은 왕의 교지와 외교 문서를 작성하는 역할을 담당하였다. ③ 상서성에 대한 설명이다. ④ 식목도감에 대한 설명이다.

11 후삼국 시대 정답 ③

정답률(%)	문항별 선택비율(%)			
	①	②	③	④
63.64	3.08	4.55	63.64	28.79

ㄹ 궁예는 904년 국호를 마진으로 바꾸었으며, 이듬해인 905년 철원으로 도읍을 옮겼다. ㄱ 918년의 일이다. ㄷ 견원이 경주를 침공하여 경애왕을 죽이고 돌아간 것은 927년의 일이다. ㄴ 935년의 일이다.

12 고려 인종 정답 ④

정답률(%)	문항별 선택비율(%)			
	①	②	③	④
43.94	15.15	9.09	31.82	43.94

제시된 자료는 인종 때 묘청 세력이 서경으로 천도할 것을 주장한 내용이다. 따라서 밑줄 친 '왕'은 인종을 일컫는다. ④ 인종은 만월대 재건, 벽골제 보수 등과 같은 과도한 토목 공사를 추진하였다.

오답분석 ① 예종 때부터 속현에 감무관을 파견하기 시작하였다. ② 거란의 3차 침입 이후, 현종은 강감찬의 건의에 따라 개경 주위에 나성을 쌓았다. ③ 문종 때의 일이다.

13 고려 후기의 정치 상황 정답 ③

정답률(%)	문항별 선택비율(%)			
	①	②	③	④
45.45	1.52	4.55	45.45	46.97

(가) 시기는 원 간섭기를 일컫는다. ㄴ 원 간섭기에 고려는 기존에 사용하던 왕의 묘호를 조·종에서 왕으로 바꾸었다. 이는 황제의 지위를 황제의 제후인 왕으로 격하시킨 것을 의미한다. ㄷ 원나라는 고려의 왕실을 유지시켰지만 쌍성총관부, 동녕부, 탐라총관부를 설치하여 고려의 영토 일부를 직접 지배하기도 하였다. ㄹ 원 간섭기에 세자는 원나라 수도인 북경에서 인질로 머물렀다가, 귀국하여 왕위에 오르는 것이 관례가 되었다.

오답분석 ㄱ 다루가치는 원나라에서 파견된 관리로, 고려 국왕이 다루가치를 겸임한 적은 없다. 고려 국왕은 정동행성의 장관을 겸임하였다.

정답
및
해설

14 고려의 대외 관계(거란) **정답** ④

정답률(%)	문항별 선택비율(%)			
	①	②	③	④
31.82	39.39	6.06	21.21	31.82

제시된 자료는 거란의 2차 침입 과정에 대해 서술하고 있다. ④ 여진족에 대한 설명이다. 여진족 가운데 두만강 유역에서 살던 부족은 고려를 '부모의 나라'라 칭하고, 말·모피 등을 가지고 와서 식량·옷감·농기구·무기 등과 바꾸어 갔다.

오답분석 ① 거란의 1차 침입 때 서희가 거란과 담판하여 거란이 물러났다. 이후 고려는 약속대로 잠시 거란의 연호를 사용하였다. ② 거란의 2차 침입 때의 일이다. ③ 거란의 2차 침입 때 서북면을 지키던 강조는 거란군을 지나치게 얕보다가 패하여 통주에서 포로가 되었다. 결국 강조는 거란의 회유를 뿌리치고 순국하였다.

15 이의민 **정답** ③

정답률(%)	문항별 선택비율(%)			
	①	②	③	④
63.64	7.58	25.76	63.64	1.52

제시된 자료는 천민 출신으로, 무신 정권 시기에 최고 집권자가 된 이의민의 생애에 대해 설명하고 있다. ③ 이의민의 집권 시기에 경상도 운문에서 김사미가, 초전에서는 효심이 반란을 일으켰다.

오답분석 ① 최우에 대한 설명이다. ② 도방을 처음 설치한 인물은 경대승이고, 이후 최충헌은 도방을 다시 부활하여 신변을 보호하고자 하였다. ④ 최충헌에 대한 설명이다.

16 고려의 과거 제도 **정답** ②

정답률(%)	문항별 선택비율(%)			
	①	②	③	④
60.61	1.52	60.61	10.61	25.76

ㄴ 고려 시대에는 3년마다 시행되는 식년시가 원칙이나 격년시도 시행되었다. ㄹ 고려 시대에 과거에 응시할 자격을 가진 것은 양인 이상 신분이었는데, 실제로는 기성 관료의 자제나 호장급 이상의 향리층에서 급제자가 많이 배출되었다.

오답분석 ㄱ 무과에 대한 설명이다. ㄷ 명경업은 유교 경전에 대한 지식을 시험한 것은 맞지만, 고려 시대에는 명경업보다 제술업이 더 중시되었다. 따라서 제술업은 명경업보다 약 10배 많은 인원을 선발하였다.

17 고대의 유학 **정답** ④

정답률(%)	문항별 선택비율(%)			
	①	②	③	④
63.64	6.06	18.18	10.61	63.64

④ 백제에 대한 설명이다.

오답분석 ① 설총에 대한 설명이다. ② 경덕왕 때의 유교 장려 정책에 대한 설명이다. ③ 발해는 중앙의 6부 명칭을 충부·인부·의부·지부·예부·신부 등의 유교의 덕목으로 정하였다.

18 지눌 **정답** ②

정답률(%)	문항별 선택비율(%)			
	①	②	③	④
42.42	10.61	42.42	18.18	27.27

제시된 자료는 지눌이 당시 불교계를 비판한 내용이다. ② 지눌이 주장한 정혜쌍수에 대한 설명이다.

오답분석 ① 혜심에 대한 설명이다. ③ 의천에 대한 설명이다. ④ 요세가 결성한 백련결사에 대한 설명이다.

19 통일 신라의 경제 **정답** ④

정답률(%)	문항별 선택비율(%)			
	①	②	③	④
48.48	6.06	30.3	13.64	48.48

제시된 자료는 통일 신라 귀족의 호화로운 경제생활에 대해 서술하고 있다. ④ 통일 신라 시대에 향이나 부곡에 사는 사람들은 일반 농민보다 많은 공물 부담을 안고 있어 농민보다 더 형편이 어려웠다.

오답분석 ① 고구려의 무역 활동에 대한 설명이다. ② 고려 시대의 경제생활에 대한 설명이다. ③ 발해의 경제에 대한 설명이다.

20 고려 시대의 사회 모습 **정답** ④

정답률(%)	문항별 선택비율(%)			
	①	②	③	④
77.27	3.03	7.58	10.61	77.27

제시된 자료는 고려 후기, 우왕 때 왜구가 침입하자 이성계가 이를 격퇴한 것과 관련된 내용이다. ④ 고려 시대의 여성은 재산을 독립적으로 소유할 수 있었다. 결혼 후에도 여성이 데리고 온 노비를 따로 호족에 구분하여 기재했기 때문에, 남편이 사망하여 본가로 돌아갈 경우에 본인 소유의 노비를 찾아갈 수 있었다.

오답분석 ①, ② 고려 시대의 사회 모습에 대한 설명이다. ③ 고려 시대의 평민에 대한 설명이다.

2회차 문항분석표

구분	정치	경제	사회	문화
근세	1, 2, 3, 4, 5, 6, 9, 10, 19, 20	7		8
근대 태동기	11, 13, 14, 15, 17, 18	12		16

평균 점수 : 67.46
상위 30% 점수 : 91.67

✅Answer

1	②	2	①	3	④	4	③	5	③
6	①	7	①	8	①	9	①	10	②
11	①	12	②	13	④	14	①	15	④
16	①	17	②	18	②	19	③	20	③

01 태종

정답 ②

정답률(%)	문항별 선택비율(%)			
	①	②	③	④
34.43	16.39	34.43	31.15	18.03

제시된 자료는 조선 태종 때 무역소 설치와 관련된 내용이다. ② 태종은 지방 세력을 통제하고, 중앙 집권 체제를 강화하기 위해 유향소를 폐지하였다.

오답분석 ① 태조 때의 일이다. ③ 선조 때의 일이다. 선조 때 여진족의 추장인 니탕개가 3만여 명의 규모의 여진족을 이끌고 6진에 출몰하여 변란을 일으켰다. 이때 신립, 이일 등이 군대를 이끌고 여진족을 격파하여 큰 공을 세웠다. ④ 세조에 대한 설명이다.

02 조선 시대의 정치 제도

정답 ①

정답률(%)	문항별 선택비율(%)			
	①	②	③	④
62.3	62.3	9.84	18.03	9.84

㉠ 의금부는 왕명에 의해서만 반역 죄인을 심문할 수 있어서, 왕권을 유지하는 중요한 권력 기구였다. ㉢ 정1품의 영의정·좌의정·우의정은 국왕을 교육하는 경연과 세자를 교육하는 서연의 책임을 맡았다.

오답분석 ㉡ 홍문관에 대한 설명이다. 승정원은 국왕의 명령을 신하들에게 전달하고, 신하들의 건의를 왕에게 전달하는 비서 기관이었다. ㉣ 사간원과 사헌부에 대한 설명이 바뀌었다.

03 임진왜란

정답 ④

정답률(%)	문항별 선택비율(%)			
	①	②	③	④
85.25	1.64	4.92	8.2	85.25

제시된 자료는 임진왜란의 결과로 조선이 입은 피해 상황을 서술한 것이다. 따라서 밑줄 친 '이 전쟁'은 임진왜란을 지칭한다. ④ 임진왜란 때 이순신이 이끈 수군은 옥포에서 첫 승리를 거두고, 이어 당포와 한산도 등지에서도 승리를 거두어 남해의 제해권을 지킬 수 있었다.

오답분석 ① 정묘호란 때의 일이다. ② 병자호란 때의 일이다. ③ 병자호란이 끝난 후, 인조의 장자인 소현세자와 인조의 차남인 봉림대군 그리고 삼학사(홍익한·윤집·오달제 등 척화론자)는 청나라의 수도인 북경으로 끌려갔다.

04 성종

정답 ③

정답률(%)	문항별 선택비율(%)			
	①	②	③	④
63.93	4.92	14.75	63.93	16.39

조선 성종 때 성현은『악학궤범』을 편찬하였다. ③ 세조는 군역을 정군과 보인으로 고정시키는 보법을 시행하였다.

오답분석 ①, ②, ④ 성종의 업적에 대한 설명이다.

05 조광조

정답 ③

정답률(%)	문항별 선택비율(%)			
	①	②	③	④
81.97	6.56	4.92	81.97	6.56

제시된 자료는 중종 때 중용된 조광조가 인재 등용을 위해 현량과의 실시를 주장한 내용이다. ③ 조광조는 도교 행사를 주관하던 소격서를 폐지했으며,『소학』을 널리 보급하여 유교 윤리를 확산하려 하였다.

오답분석 ① 김종직의 제자인 김일손에 대한 설명이다. ② 윤임 등 인종의 외척 세력을 제거한 인물은 명종의 외척인 윤원형이다. ④ 이이에 대한 설명이다. 이이는 16세기 말의 사회 혼란을 '중쇠기'로 인식하여 담과 지붕이 무너진 가옥에 비유하였다. 이에 따라 위로부터의 개혁을 주장하였다.

06 조선의 지방 제도

정답 ①

정답률(%)	문항별 선택비율(%)			
	①	②	③	④
65.57	65.57	16.39	9.84	8.2

① 정부는 각 군현이 아니라 서울에 경재소를 설치하여 유향소와 정부 사이의 연락 기능을 맡겼다. 각 군현에 설치된 것은 경재소가 아니라 유향소이다.

오답분석 ② 조선 시대에는 향·소·부곡 등 특수 행정 구역을 일반 군현으로 편성하여 지방 행정을 일원화하였다. ③ 조선 시대에 각 도에 파견된 관찰사는 도의 행정을 담당하며 관할 지역의 수령을 감찰하였다. ④ 조선은 군현 아래 촌을 면·리·통으로 편제하였으며 읍을 중심으로 방위명을 붙인 면(面)이 출현하였다.

07 과전법 정답 ①

정답률(%)	문항별 선택비율(%)			
	①	②	③	④
59.02	59.02	9.84	14.75	16.39

제시된 자료에서 (가) 제도는 과전법이다. ① 고려의 전시과에 대한 설명이다. 과전법은 전지만 지급하였다.

오답분석 ②, ④ 과전법은 전·현직 관리를 18과로 나누어 경기 지방에 한해 수조권을 지급한 것이다. ③ 과전법에 대한 설명이다.

08 조선 전기의 과학 기술 정답 ③

정답률(%)	문항별 선택비율(%)			
	①	②	③	④
65.57	9.84	4.92	65.57	19.67

제시된 자료의 밑줄 친 '이 농서'는 조선 전기의 세종 때 간행된 『농사직설』이다. ③ 배다리는 조선 후기인 정조 때 정약용이 설계한 것이다.

오답분석 ① 주자소를 설치한 것은 조선 전기인 태종 때의 일이다. ② 조선 전기인 세종 때 천체의 운행과 그 위치를 측정하던 천문 관측 기구인 혼의를 제작하였고, 경복궁 경회루 북쪽에 간의대를 설치하여 천문 관측 기구인 간의를 설치하였다. ④ 조선 전기인 태조 때 고구려의 천문도를 바탕으로 천상열차분야지도가 만들어졌다.

09 조선의 과거 제도(소과) 정답 ①

정답률(%)	문항별 선택비율(%)			
	①	②	③	④
45.9	45.9	21.31	4.92	27.87

제시된 자료는 조선의 소과에 대해 설명하고 있다. ① 소과 합격자는 생원 또는 진사라 불렸으며, 이들은 성균관에 입학할 자격을 얻었다.

오답분석 ② 소과의 초시에서는 각 도의 인구 비율로 배분하여 700명을 선발하였다. 그러나 2차 복시에서는 도별 안배를 고려치 않고 성적순으로 생원과 진사를 각각 100명씩 선발하였다. ③ 조선 시대의 무과에 대한 설명이다. ④ 문과(대과)에 대한 설명이다. 대과의 최종 합격자는 성적에 따라 갑과 3명, 을과 7명, 병과 23명으로 총 33명을 차등 선발하였다.

10 광해군 정답 ②

정답률(%)	문항별 선택비율(%)			
	①	②	③	④
73.77	0	73.77	3.28	22.95

제시된 자료는 광해군 때 추진된 중립 외교 정책에 대한 내용이다. ② 광해군은 전란 중에 훼손된 창덕궁·창경궁 등을 수리했으며, 경운궁·경덕궁 등 궁궐을 추가로 건설하였다.

오답분석 ① 인조 때의 일이다. ③ 효종 때 전개된 1차 북벌 운동에 대한 설명이다. ④ 효종 때의 일이다.

11 조선 후기의 정치 상황 정답 ③

정답률(%)	문항별 선택비율(%)			
	①	②	③	④
75.41	11.48	1.64	75.41	11.48

② 임꺽정이 난을 일으킨 것은 명종 때의 일이다. ③ 효종 때의 나선 정벌에 대한 설명이다. ④ 현종 때 일어난 예송논쟁에 대한 설명이다. ⑤ 숙종 재위 초반인 1680년에 일어난 경신환국에 대한 설명이다.

12 조선 후기의 경제 정답 ②

정답률(%)	문항별 선택비율(%)			
	①	②	③	④
63.93	6.56	63.93	13.11	16.39

제시된 자료를 통해 조선 후기에 향회가 수령에 의해 좌우되는 부세 자문 기구적인 성격을 드러내고 있음을 알 수 있다. ② 삼한통보, 해동통보 등과 같은 화폐는 고려 시대에 만들어졌으나, 널리 유통되지는 못하였다.

오답분석 ①, ③, ④ 조선 후기의 경제 상황에 대한 설명이다.

13 정조 정답 ②

정답률(%)	문항별 선택비율(%)			
	①	②	③	④
75.41	16.39	75.41	4.92	3.28

제시된 자료의 시는 연행사의 일원으로 다녀온 박제가가 지은 것으로, 시의 내용처럼 재화를 우물물에 비유하며 소비 촉진을 통한 생산력의 증대를 주장하였다. 박제가는 정조가 규장각 검서관으로 등용한 인물이다. ② 정조는 친위 부대인 장용영을 설치하여 국왕이 병권을 장악하고자 하였다.

오답분석 ① 숙종의 업적이다. ③ 영조 때의 일이다. ④ 영조에 대한 설명이다.

14 세도 정치 정답 ①

정답률(%)	문항별 선택비율(%)			
	①	②	③	④
80.33	80.33	11.48	4.92	3.28

제시된 자료는 순조 때 일어난 신유박해에 대해 설명하고 있다. ① 헌종 때의 일이다. 순조가 죽으면서 그의 손자인 헌종이 8살의 어린 나이에 왕으로 즉위하자, 조만영을 중심으로 풍양 조씨가 득세하였다.

오답분석 ② 영조 때의 일이다. ③ 숙종의 업적이다. ④ 정조 때의 일이다.

15 영조 정답 ④

정답률(%)	문항별 선택비율(%)			
	①	②	③	④
81.97	3.28	4.92	9.84	81.97

제시된 사료는 영조 때 군역의 부담을 줄이기 위해 균역법을 제정하는 내용이다. ④ 정조 때의 준론탕평 정책에 대한 설명이다. 정조는 각 붕당의 주장이 옳은지 그른지를 명백히 가리는 적극적인 탕평책인 준론탕평을 추진하였다.

오답분석 ①, ②, ③ 영조의 업적이다.

16 조선 후기의 문화 정답 ①

정답률(%)	문항별 선택비율(%)			
	①	②	③	④
50.82	50.82	19.67	14.75	14.75

제시된 자료는 조선 후기인 17세기의 건축물에 대해 설명하고 있다. ① 고려 시대의 문화 양상에 대한 설명이다.

오답분석 ② 조선 후기에 유행한 「진경산수화」는 우리의 자연을 사실적으로 그려 회화의 토착화를 이룩하였다. ③ 조선 후기의 과학 기술 발달에 대한 설명이다. ④ 조선 후기, 시조에서는 일정한 형식에 구애받지 않는 사설시조가 등장하였다. 서민들은 사설시조를 통해 감정을 사실적으로 묘사하였으며, 사회적 불만을 숨김없이 드러내기도 하였다.

17 비변사 정답 ②

정답률(%)	문항별 선택비율(%)			
	①	②	③	④
70.49	8.2	70.49	8.2	13.11

제시된 자료는 비변사의 구성원에 관련된 내용이다. ② 비변사는 16세기 초, 임시 회의 기구로 설치되었다.

오답분석 ① 비변사의 기능 강화로 의정부와 6조 중심의 행정 체계는 유명무실화되었고, 왕권은 약화되었다. ③ 훈련도감에 대한 설명이다. ④ 언론 기관인 삼사에 대한 설명이다.

18 훈련도감 정답 ②

정답률(%)	문항별 선택비율(%)			
	①	②	③	④
62.3	4.92	62.3	22.95	9.84

제시된 자료는 훈련도감과 관련된 내용이다. ② 훈련도감은 포수·사수·살수의 삼수병으로 편제되었다.

오답분석 ① 조선 전기의 중앙군인 5위에 대한 설명이다. ③ 숙종 때 병조 산하의 정초군과 훈련도감의 별대가 통합되어 금위영이 설치되었다. ④ 속오군에 대한 설명이다.

19 조선 전기의 대외 관계 정답 ③

정답률(%)	문항별 선택비율(%)			
	①	②	③	④
88.52	0	9.84	88.52	1.64

ⓒ 태조 때의 일이다. ⓒ 세종 때의 6진 개척에 대한 설명이다. ⓔ 명종 때 일어난 을묘왜변에 대한 설명이다. ⓞ 광해군 때의 일이다.

20 붕당 정치의 전개 정답 ③

정답률(%)	문항별 선택비율(%)			
	①	②	③	④
62.3	11.48	3.28	62.3	22.95

③ 김효원을 중심으로 형성된 붕당은 동인으로, 이황과 조식 그리고 서경덕의 학문을 계승한 신진 세력들이 다수 참여하였다. 이이와 성혼의 문인이 많이 가담한 붕당은 서인이다.

오답분석 ① 심의겸이 중심이 되어 형성된 붕당은 서인으로, 서인은 명종 때부터 정치에 참여해 외척 정치 청산에 소극적이었다. ② 이조전랑의 품계는 그리 높은 편은 아니었지만, 5품 이하 문관의 천거와 3사 청요직의 선발권, 후임 전랑의 추천권 등 여러 특권을 가지고 있었다. ④ 이조의 속아문 중에는 내수사가 있었는데, 내수사는 왕실에서 필요로 하는 쌀과 포, 잡물 및 노비 등의 관리를 맡은 관청이었다.

정답
및
해설

3회차 문항분석표

구분	정치	경제	사회	문화
근대 개항기	1, 2, 3, 4, 5, 6			8
일제 강점기	7, 9, 10, 11, 13, 14		15	12
현대	16, 17, 18, 19, 20			

평균 점수: 60.82
상위 30% 점수: 84.5

✔**Answer**

1	④	2	④	3	①	4	④	5	①
6	②	7	②	8	③	9	②	10	①
11	②	12	③	13	③	14	④	15	③
16	①	17	④	18	①	19	②	20	②

01 신미양요 　　　　정답 ④

정답률(%)	문항별 선택비율(%)			
	①	②	③	④
78.18	3.64	7.27	10.91	78.18

제시된 자료는 신미양요 때 정기원이 올린 장계의 내용이다. '초지와 덕진을 제대로 지키지 못한~', '광성보에서~장수가 죽었으니~' 등 내용을 통해 해당 사건이 1871년에 일어난 신미양요에 대한 것임을 알 수 있다. ④ 미국은 제너럴 셔먼호 사건을 구실로 군함 5척과 1,200여 명의 병력을 가지고 강화도를 침입하였다(신미양요).

▸**오답분석** ① 1875년 운요호 사건에 대한 설명이다. ②, ③ 1866년 병인양요와 관련된 내용이다.

02 조·청 상민 수륙 무역 장정 　　　　정답 ④

정답률(%)	문항별 선택비율(%)			
	①	②	③	④
80	7.27	5.45	7.27	80

제시된 자료는 조·청 상민 수륙 무역 장정에 대해 설명하고 있다. ④ 1882년에 체결된 조·청 상민 수륙 무역 장정에 따라 청나라는 치외법권 인정, 청 상인의 내지 통상권, 연안 어업권 등을 획득하였다.

▸**오답분석** ① 1882년에 체결된 조·미 수호 통상 조약에 대한 설명이다. ② 조·청 상민 수륙 무역 장정에는 조선이 청나라의 속방이라고 명시하여 청나라의 종주권을 확인하였다. ③ 1876년에 체결된 강화도 조약에 규정된 내용이다.

03 1차 갑오개혁 　　　　정답 ①

정답률(%)	문항별 선택비율(%)			
	①	②	③	④
45.45	45.45	20	12.73	21.82

제시된 자료는 1차 갑오개혁을 주도한 군국기무처에 대해 설명하고 있다. ① 2차 갑오개혁 때 지방 제도를 8도에서 23부로 바꾸었다.

▸**오답분석** ②, ③, ④ 1차 갑오개혁 때 추진된 정책이다.

04 1차 동학 농민 봉기 　　　　정답 ④

정답률(%)	문항별 선택비율(%)			
	①	②	③	④
92.73	1.82	5.45	0	92.73

제시된 자료는 황현의『매천야록』에 기록된 것으로, 1차 동학 농민 봉기의 배경에 대해 설명하고 있다. ④ 1894년 3월 1차 동학 농민 봉기 때 동학 농민군 수천여 명이 전라도 고부군의 백산(현 전북 부안)에 모여 전봉준을 대장, 김개남과 손화중을 총관령으로 선출하고 격문을 발표하였다.

▸**오답분석** ① 을미의병에 대한 설명이다. ② 1907년 군대 해산에 반발하여 서울의 시위대를 비롯하여 원주, 강화도의 진위대가 봉기를 일으켰다(정미의병). ③ 을미의병에 대한 설명이다.

05 을사조약 　　　　정답 ①

정답률(%)	문항별 선택비율(%)			
	①	②	③	④
34.55	34.55	18.18	25.45	21.82

중명전은 대한 제국 시기에 세워진 서양 건축물 중 하나로 황실 도서관, 고종 황제의 편전 등으로 사용되었다. 또한 1905년 을사조약이 체결된 장소이기도 하였다. ① 을사조약은 고종의 위임장 없이 외부대신 박제순이 날인했기 때문에, 황제의 서명과 도장이 없는 조약이었다.

▸**오답분석** ② 1904년 8월에 체결된 1차 한·일 협약에 대한 설명이다. ③ 1907년 일제는 한·일 신협약의 체결을 강요하여 법령 제정, 고등 관리 임면 등에 대한 동의권을 확보하였다. ④ 1910년에 체결된 한·일 병합 조약에 대한 설명이다.

06 독립협회 　　　　정답 ②

정답률(%)	문항별 선택비율(%)			
	①	②	③	④
70.91	1.82	70.91	10.91	16.36

제시된 자료는 독립신문에 발표된 독립협회의 민권 보장책 5개조의 내용이다. ② 독립협회는 만민 공동회에서 러시아의 간섭과 이권 요구를 규탄하고, 러시아의 지원을 거절하라는 결의안을 고종에게 제출하였다. 결국 러시아는 군사 교관과 재정 고문을 철수시키고, 절영도 조차 요구를 철회하였으며, 한·러 은행을 폐쇄하였다.

오답분석 ① 독립협회의 활동에 대한 설명이다. ③ 독립협회는 독립문을 세우는 데 보조금을 내면 누구나 단체의 회원이 될 수 있도록 하여 왕실, 학생, 교사, 기생 등 다양한 계층의 지지를 받았다. ④ 독립협회는 정부 대신의 부정부패 등 불법 행위를 규탄했으며, 그 일환으로 황제 측근 이용익을 백동화를 남발하여 물가 폭등을 야기하였다는 이유로 고등 재판소에 고발하였다.

07 이동휘 정답 ②

정답률(%)	문항별 선택비율(%)			
	①	②	③	④
40	9.09	40	34.55	16.36

제시된 자료는 독립운동가인 이동휘의 활동에 대해 설명하고 있다. ② 이동휘는 임시 정부의 초대 국무총리가 되어 활동하였다.

오답분석 ① 이동휘는 조선어 학회 사건이 일어나기 전인 1935년에 사망하였다. ③ 서전서숙은 이상설, 이동녕 등이 북간도 용정에 설립한 최초의 국외 학교이다. ④ 독립의군부는 임병찬이 1912년에 조직한 단체이다.

08 한성순보 정답 ③

정답률(%)	문항별 선택비율(%)			
	①	②	③	④
72.73	21.82	1.82	72.73	3.64

우리나라 최초의 근대 신문은 1883년에 창간된 한성순보이다. ③ 한성순보는 박문국에서 간행한 신문으로, 국내 소식과 함께 서양의 신문화를 소개하는 데 큰 역할을 하였다. 그러나, 1884년 갑신정변 때 폐간되었다.

오답분석 ① 대한매일신보, ② 제국신문, ④ 황성신문에 대한 설명이다.

09 의열단 정답 ②

정답률(%)	문항별 선택비율(%)			
	①	②	③	④
56.36	18.18	56.36	9.09	16.36

제시된 자료는 김원봉, 윤세주 등이 1919년에 조직한 의열단에 대해 설명하고 있다. ② 의열단은 중국 관내 대부분의 항일 단체와 정당을 통합한 '민족혁명당' 결성에 주도적 역할을 담당하였다.

오답분석 ① 조명하는 의열단에 소속되지 않았다. ③ 신민회가 해체된 계기가 된 105인 사건에 대한 설명이다. ④ 한인 애국단에 대한 설명이다.

10 한국 독립군 정답 ①

정답률(%)	문항별 선택비율(%)			
	①	②	③	④
76.36	76.36	18.18	3.64	1.82

제시된 자료는 1930년대 만주에서 지청천이 이끈 한국 독립군의 활동과 관련된 내용이다. 한국 독립군은 중국 호로군과 연합하여 쌍성보 전투 등에서 활약하였다. ① 한국 독립군은 총사령관 지청천이 이끄는 부대이다.

오답분석 ② 조선 혁명군에 대한 설명이다. ③ 양세봉이 이끄는 조선 혁명군은 남만주 지역에서 활동하다가 1934년 양세봉 전사 이후 세력이 약화되었다. 한국 독립군은 주로 북만주 지역에서 일본군과 싸웠다. ④ 동북 인민 혁명군에 대한 설명이다.

11 1920년대 일제의 정책 정답 ②

정답률(%)	문항별 선택비율(%)			
	①	②	③	④
61.82	18.18	61.82	10.91	9.09

제시된 자료는 1919년 조선 청년 독립단이 발표한 2·8 독립 선언서의 내용이다. ② 토지 가옥 증명 규칙은 국권 피탈 이전인 1906년에 제정되었다.

오답분석 ① 1923년의 일이다. ③ 일제는 1928년 신은행령을 제정하여 은행 운영의 주체를 자본금 200만 원 이상의 회사로 한정하였다. 이에 따라 자본금 규모가 크지 않았던 다수의 한국인 소유 은행이 일본 은행에 합병되었다. ④ 1922년에 제정된 제2차 조선 교육령에 대한 설명이다.

12 박은식 정답 ③

정답률(%)	문항별 선택비율(%)			
	①	②	③	④
63.64	10.91	1.82	63.64	21.82

제시된 자료는 1915년 박은식이 저술한 『한국통사』에 대해 설명하고 있다. ③ 박은식은 『한국독립운동지혈사』를 통해 한국 독립운동의 역사를 서술하였다.

오답분석 ① 백남운 등 사회 경제 사학자에 대한 설명이다. ② 이병도 등은 '조선과 인근 문화'를 연구한다는 목적으로 1934년에 진단 학회를 조직하였다. ④ 정인보에 대한 설명이다.

13 광복 전후의 역사적 사건들 정답 ③

정답률(%)	문항별 선택비율(%)			
	①	②	③	④
83.64	7.27	5.45	83.64	3.64

② 카이로 회담은 1943년 11월의 일이다. ③ 1945년 12월에 미국, 영국, 소련의 외상이 모스크바에서 회의를 열어 한반도 문제를 협의하였다. ⓒ 제1차 미·소 공동 위원회가 1946년 3월에 서울의 덕수궁에서 개최되었다. ⓒ 1947년 11월 소련이 불참한 가운데 유엔 총회가 열려 한국 문제를 논의하였다.

정답 및 해설

14 광주 학생 항일 운동 정답 ④

정답률(%)	문항별 선택비율(%)			
	①	②	③	④
81.82	3.64	5.45	9.09	81.82

김병로는 광주 학생 항일 운동의 진상 조사 위원이 되어 활동하였다. ④ 1926년에 전개된 6·10 만세 운동에 대한 설명이다.

오답분석 ① 광주 학생 항일 운동에 대한 설명이다. ② 광주에서 학생들이 일제히 궐기하자, 전국 각지 학생들은 독서회 등을 통해 조직적으로 연락하면서 항일 시위에 동참하였다. ③ 광주 학생 항일 운동 당시, 광주 지역의 학생들은 민족 차별 중지, 식민지 교육 제도 철폐 등을 요구하며 대규모 가두시위를 벌였다.

15 일제 강점기의 사회 모습 정답 ③

정답률(%)	문항별 선택비율(%)			
	①	②	③	④
38.18	1.82	10.91	38.18	49.09

ⓒ 1940년대에 일제는 전시 통제 정책을 펴면서 남성은 국방색의 국민복, 여성은 '몸뻬'라는 일바지를 입도록 강요하였다. ⓒ 일제 강점기의 사회 모습에 대한 설명이다. ⓔ 일제 강점기에 도시에 몰려든 농민들은 지게꾼이나 넝마주이 생활로 연명하며 도시 변두리나 하천 변에 거적을 두른 토막을 짓고 생활하였다.

오답분석 ㉠ 한성의 양반 부인 수백 명이 뜻을 모아 「여권통문」을 발표한 것은 근대 시기인 1898년의 일이다.

16 4·19 혁명 정답 ①

정답률(%)	문항별 선택비율(%)			
	①	②	③	④
52.73	52.73	7.27	30.91	9.09

제시된 자료는 1960년 4월 26일 이승만이 대통령직에서 물러나면서 발표한 담화문의 내용이다. 이 담화문이 발표된 원인이 된 민주화 운동은 4·19 혁명이다. ① 4·19 혁명 때 서울을 비롯한 대도시에서 학생·시민들이 부정 선거를 규탄하는 시위를 벌였다. 이에 정부는 시민들에게 발포하는 한편, 비상계엄을 선포하였다.

오답분석 ② 1980년 5·18 민주화 운동에 대한 설명이다. ③ 1987년 6월 민주 항쟁에 대한 설명이다. 4·19 혁명 때 고등학생인 김주열군의 시신이 마산 앞바다에 떠오르자 시위가 더욱 확산되었다. ④ 박정희 때인 1964년 일어난 6·3 시위에 대한 설명으로, 이 시위는 한·일 협정 체결에 반대한 것이었다.

17 유신 헌법 정답 ④

정답률(%)	문항별 선택비율(%)			
	①	②	③	④
45.45	29.09	18.18	7.27	45.45

제시된 자료는 1972년에 제정된 유신헌법(7차 개헌)의 내용으로, 유신 헌법은 1972년 11월부터 1980년 10월 8차 개헌 전까지 적용되었다. ④ 1979년 박정희 정부는 YH 무역 사건에 항의하는 신민당 총재 김영삼을 의원직에서 제명하였다. 이에 반발하여 부산과 마산, 창원 등지에서 유신 체제에 반대하는 학생들과 시민들이 대규모 시위를 전개하였다 (1979, 부마 항쟁).

오답분석 ① 경부 고속 국도가 개통된 것은 유선 헌법 제정 이전인 1970년의 일이다. ② 국가 재건 최고 회의는 박정희 군정 시기인 1961년에 설치되었다. ③ 1948년 9월의 일이다.

18 노태우 정부 정답 ①

정답률(%)	문항별 선택비율(%)			
	①	②	③	④
65.45	65.45	10.91	5.45	18.18

제시된 자료는 노태우 정부 때 추진된 북방 외교 정책에 대해 설명하고 있다. ① 노태우 정부 때인 1991년 남북한이 동시에 유엔에 가입하였다.

오답분석 ② 김대중 정부 때의 일이다. ③ 전두환 정부는 언론을 장악하기 위해 물리적 강제력을 통해 언론 매체를 폐지 또는 통합하였다. ④ 김영삼 정부 때의 일이다.

19 6·15 남북 공동 선언 정답 ②

정답률(%)	문항별 선택비율(%)			
	①	②	③	④
34.55	9.09	34.55	21.82	34.55

제시된 자료는 2000년에 발표된 6·15 남북 공동 선언의 내용이다. ② 김대중 정부는 분단 이후 처음으로 남북 정상 회담을 개최하여 6·15 남북 공동 선언을 발표하였다.

오답분석 ① 7·4 남북 공동 성명에 대한 설명이다. ③ 7·4 남북 공동 성명에 대한 설명이다. ④ 남북 기본 합의서는 남북한 정부 간에 이루어진 최초의 공식 합의서로, 서로의 체제를 인정하고 상호 불가침에 합의했다는 점에서 큰 의의를 지닌다.

20 정부 수립 과정 정답 ②

정답률(%)	문항별 선택비율(%)			
	①	②	③	④
41.82	12.73	41.82	21.82	23.64

② 국민당을 결성한 사람은 여운형이 아니라 안재홍이다. 중도 우파인 안재홍의 국민당은 신민족주의와 신민주주의를 내걸고 좌·우 이념을 통합하고자 하였다.

오답분석 ① 김구, 이승만과 한국 민주당 등 우익 세력, 박헌영 등 좌익 세력은 좌우 합작 위원회에 불참하였다. ③ 건국 준비 위원회는 1945년 9월 조선인민공화국을 선포하고, 미국에 망명 중인 이승만을 주석으로 추대하였다. ④ 송진우, 김성수 등은 한국 민주당을 결성하고, 대한민국 임시 정부 지지를 선언하였다.

평균 점수: 64.59
상위 30% 점수: 93.33

✅**Answer**

1	③	2	④	3	①	4	①	5	①
6	②	7	③	8	②	9	②	10	③
11	④	12	②	13	③	14	②	15	①
16	④	17	③	18	①	19	②	20	②

01 민정문서   정답 ③

정답률(%)	문항별 선택비율(%)			
	①	②	③	④
65.31	12.24	4.08	65.31	16.33

제시된 자료는 통일 신라의 민정문서에 대해 설명하고 있다. ③ 민정문서는 서원경과 그 부근 4개 촌락을 조사한 문서로, 호·인구·노비의 수 등을 구체적으로 기록하고 있다. 그러나 주민의 이름과 구체적인 나이는 기록되어 있지 않다.

오답분석 ① 민정문서에서 호(戶)는 사람의 많고 적음에 따라 상상호(上上戶)에서 하하호(下下戶)까지 9등급으로 나누어 파악하고 있다. ② 민정문서는 촌주가 작성하였으며, 문서의 기록은 3년마다 이루어졌다. ④ 민정문서에서 인구는 남녀를 포함하여 구분하고, 나이에 따라 6등급으로 나누었다.

02 진골   정답 ④

정답률(%)	문항별 선택비율(%)			
	①	②	③	④
79.59	4.08	0	16.33	79.59

김춘추는 진골 귀족 출신의 인물이다. ④ 화랑도의 우두머리인 화랑은 진골 귀족의 자제 가운데 선발되었다.

오답분석 ① 6두품에 대한 설명이다. ② 중위제는 6두품과 5두품이 진출할 수 있는 관등인 아찬·대나마·나마에 설정되어, 제한된 관등을 넘지 않고도 승진을 계속 할 수 있게 하였다. ③ 6두품에 대한 설명이다.

03 통일 신라의 경제   정답 ①

정답률(%)	문항별 선택비율(%)			
	①	②	③	④
53.06	53.06	10.2	22.45	14.29

장문휴를 시켜 당의 등주를 공격하고 당과 대립을 한 것은 발해 무왕 때 일(732)로, 발해 무왕은 8세기(719년부터 737년까지)에 집권하였다. 이시기 신라의 국왕은 성덕왕이다. ① 성덕왕 때인 722년의 일이다.

오답분석 ② 6세기 초, 지증왕은 경주에 동시를 설치하고, 이를 감독하는 관청인 동시전을 설치하였다. ③ 장보고가 청해진을 설치한 것은 9세기 흥덕왕 때의 일이다. ④ 7세기 후반인 신문왕 7년에 관료전을 차등 있게 지급하고, 2년 후인 신문왕 9년에는 중앙과 지방 관리의 녹읍을 폐지하였다.

04 고려 시대의 토지 제도   정답 ①

정답률(%)	문항별 선택비율(%)			
	①	②	③	④
67.35	67.35	10.2	12.24	10.2

① 고려 시대에는 중앙과 지방의 각 관청에 공해전을 지급하여 경비를 충당하게 하였다.

오답분석 ② 전시과 체제에서는 전국을 대상으로 토지의 수조권을 지급하였다. ③ 민전에 대한 설명이다. 전시과는 토지를 받은 자가 죽거나 관직에서 물러날 때 지급받은 토지를 국가에 반납하여야 했다. ④ 구분전이 아니라 한인전에 대한 설명이다.

05 고려 시대의 경제   정답 ①

정답률(%)	문항별 선택비율(%)			
	①	②	③	④
51.02	51.02	26.53	12.24	10.2

제시된 자료는 고려 시대의 전품제에 대한 사료이다. 고려 시대에는 토지를 논과 밭으로 나누고, 비옥한 정도에 따라 3등급으로 나누어 조세를 부과하였다. ① 고려 시대의 농업 기술 발달에 대한 설명이다.

오답분석 ② 이암이 들여온 것은 『농상집요』이다. 『농가집성』은 조선 효종 때 신속이 편찬한 농서이다. ③ 조선 전기의 경제 상황에 대한 설명이다. ④ 조선 후기의 경제 모습에 대한 설명이다.

정답 및 해설

06 향약 ··· 정답 ②

정답률(%)	문항별 선택비율(%)			
	①	②	③	④
36.73	8.16	36.73	32.65	22.45

제시된 자료는 「해주 향약 입약 범례문」의 내용이다. ② 서원에 대한 설명이다.

오답분석 ① 향약은 향촌 사회의 풍속을 교화하는 역할을 하였으며, 질서 유지와 치안까지 담당하였다. ③ 향약에는 양반층을 비롯하여 일반 백성들, 노비에 이르기까지 모든 향촌 구성원이 참여하였다. ④ 향약에 대한 설명이다.

07 조선 전기의 수취 제도 ··· 정답 ③

정답률(%)	문항별 선택비율(%)			
	①	②	③	④
40.82	2.04	2.04	40.82	55.1

ⓒ 과전법 체제에서는 병작제가 원칙적으로 금지되었다. ② 16세기에 들어와 군역에 복무해야 할 사람이 다른 사람에게 군역을 대신하게 하는 대립이 불법적으로 나타났다.

오답분석 ㉠ 조선 시대의 세곡의 운송은 육로보다는 해로에 의존하였다. ⓒ 9등급이 아니라 6등급이다. 세종 때에는 농민 부담의 경감과 공평 과세를 위해 토지를 비옥도에 따라 6등급으로 나누었다(전분 6등법).

08 균역법 ··· 정답 ②

정답률(%)	문항별 선택비율(%)			
	①	②	③	④
42.86	0	42.86	26.53	30.61

『양역실총』은 균역법 시행의 중요한 참고 자료가 되었다. ② 균역법의 실시에 따라 농민들은 1년에 군포 1필만 부담하면 되었다. 이에 따라 부족해진 재정은 지주에게 결작이라고 하여 토지 1결당 미곡 2두씩 부담하게 하여 메꿨다.

오답분석 ① 인조 때 실시된 영정법에 대한 설명이다. ③, ④ 대동법에 대한 설명이다.

09 조선 후기의 사회 모습 ··· 정답 ②

정답률(%)	문항별 선택비율(%)			
	①	②	③	④
79.59	8.61	79.59	10.2	2.04

제시된 자료의 '공인', '책문' 등의 내용으로 통해 조선 후기의 사회 모습임을 알 수 있다. ② 고려 시대~조선 전기에는 혼인의 형태로 일부일처제가 일반적이었으며, 결혼 후에는 남자가 처가에서 오랜 기간 생활하였다.

오답분석 ① 조선 후기의 사회 모습에 대한 설명이다. ③ 조선 후기, 향촌 사회의 모습에 대한 설명이다. ④ 조선 후기에 대한 설명이다.

10 천주교 ··· 정답 ③

정답률(%)	문항별 선택비율(%)			
	①	②	③	④
81.63	2.04	12.24	81.63	4.08

제시된 자료는 천주교의 수용 과정에 대해 설명하고 있다. ③ 천주교가 조상에 대한 제사를 거부하는 등 성리학의 기본 이념과 충돌하는 모습을 보이자, 정부는 천주교를 사교로 규정하고 탄압하였다.

오답분석 ① 조선 후기에 민중들 사이에 널리 퍼진 예언서인 『정감록』에 대한 설명이다. ② 동학은 사람이 곧 하늘이라는 인내천 사상을 바탕으로 인간의 존엄성과 평등을 강조하였다. ④ 동학에 대한 설명이다.

11 근대 개항기의 경제적 구국 운동 ··· 정답 ④

정답률(%)	문항별 선택비율(%)			
	①	②	③	④
95.92	2.04	0	2.04	95.92

④ 일본의 경제 침탈에 대한 설명이다. 일본은 미국에게 경인선 부설권을 인수하여 철도를 완공하였고, 경의선 부설권도 프랑스에게 넘겨받아 러·일 전쟁 중 군용 철도 명목으로 직접 부설하였다.

오답분석 ① 함경도, 황해도 등의 지방관은 일본 상인들의 농촌 시장 침투와 곡물의 지나친 유출을 막기 위해 방곡령을 실시하였다. ② 서울의 시전 상인을 중심으로 황국 중앙 총상회가 조직되어 외국인의 불법 내륙 상업 활동을 엄단할 것을 요구하였다. ③ 1880년대 객주 등 상인들은 대동상회, 장통상회 등 상회사를 설립하여 상권을 유지하고자 하였다.

12 물산 장려 운동 ··· 정답 ②

정답률(%)	문항별 선택비율(%)			
	①	②	③	④
75.51	4.08	75.51	14.29	6.12

제시된 자료는 「조선물산장려회 취지서」이다. 따라서 이 사료와 관련 있는 민족 운동은 물산 장려 운동이다. ② 물산장려운동은 평양에서 시작되어, 전국 각지에 지부를 설치하는 등 전국으로 확산되었다.

오답분석 ① 광주 학생 항일 운동에 대한 설명이다. ③ 국채 보상 운동에 대한 설명이다. 국채 보상 운동은 대한 매일 신보, 황성신문, 제국 신문 등 언론 기관이 적극적으로 후원하였다. ④ 1920년대에 전개된 민립 대학 설립운동에 대한 설명이다.

13 1950년대의 경제 상황　　　정답 ③

정답률(%)	문항별 선택비율(%)			
	①	②	③	④
67.35	10.2	14.29	67.35	8.16

(가)는 남한의 농지개혁으로 1949년 6월에 제정·공포되어 1950년 3월에 시행되었다. ③ 1955년 미국의 '농산물 무역 촉진 원조법(미공법 480호)'에 따라 이승만 정부는 미국에서 원조 받은 농산물을 판매한 돈을 대충자금으로 적립하게 되었다. 대충 자금이란 미국의 원조를 받은 나라가 원조액에 해당하는 자기 나라 돈을 별도의 계정을 만들어 적립한 것을 말한다. 이 대충 자금은 미국과 협의에 따라 사용되었다.

오답분석 ① 미군정은 동양 척식 주식회사 소유의 농지와 일본인 소유의 농지인 적산을 관리하기 위해 신한 공사를 설치하였다(1946). ② 화폐 정리 사업은 근대 시기인 1905년에 실시되었다. ④ 1940년대 일제의 물적 자원 수탈에 대한 설명이다.

14 권문세족　　　정답 ②

정답률(%)	문항별 선택비율(%)			
	①	②	③	④
38.78	4.08	38.78	22.45	32.65

제시된 자료는 원간섭기 충선왕의 복위 교서의 내용으로, 밑줄 친 성씨들은 권문세족에 해당한다. ② 고려 전기의 문벌귀족에 대한 설명이다.

오답분석 ① 권문세족은 강과 하천을 경계로 삼을 만큼 대규모의 농장을 소유하고도 국가에 세금을 내지 않았다. ③ 권문세족에 대한 설명이다. ④ 문벌귀족이 가문 자체의 권위로 귀족적 특권을 누렸음에 비하여 권문세족은 현실적인 관직을 통해 정치권력을 행사했다는 점에서, 권문세족은 문벌귀족과 비교했을 때 관료적 성격이 강했다고 볼 수 있다.

15 조선 후기의 경제　　　정답 ①

정답률(%)	문항별 선택비율(%)			
	①	②	③	④
59.18	59.18	10.2	8.16	22.45

임진왜란은 선조 때의 일이고, 나선 정벌(1654, 1658)은 효종 때의 일이다. 임술 농민 봉기는 철종 때의 일이다. ① 선혜청은 광해군 즉위 이후, 대동법을 실시함에 따라 신설된 관청이다.

오답분석 ② 경시서는 한양의 시전을 감독할 권한만을 가지고 있었다. ③ 장시가 처음 등장한 것은 15세기 후반의 일이다. ④ 고려 후기의 수공업 발달에 대한 설명이다.

16 조선 전기의 경제　　　정답 ④

정답률(%)	문항별 선택비율(%)			
	①	②	③	④
57.14	18.37	18.24	12.24	57.14

제시된 자료는 조선 전기의 화폐 유통에 대해 설명하고 있다. ④ 조선 전기에 들어와 시비법의 발달로 농경지를 묵히지 않고 매년 농사지을 수 있게 되었다.

오답분석 ① 고려 후기의 일이다. ② 조선 후기, 이앙법의 보급에 따라 적은 노동력으로도 많은 땅을 경작할 수 있게 되었다. 이에 따라 1인당 경작 면적이 늘어나는 광작 현상이 나타났다. ③ 고려 시대의 상업 발달에 대한 설명이다.

17 고대의 군사 제도　　　정답 ③

정답률(%)	문항별 선택비율(%)			
	①	②	③	④
63.27	8.16	6.12	63.27	20.41

③ 고구려의 군사 제도에 대한 설명이다. 백제는 지방을 5방으로 나누고, 지방관이자 군사 책임자로 방령을 파견하였다.

오답분석 ① 고구려는 5관등인 조의두대형 이상만이 국가의 기밀 사무에 참여하고 장군이 될 수 있었다. ② 발해는 중앙군으로 10위를 두어 왕궁과 수도의 경비를 맡게 하였다. ④ 통일 이전에 신라에서는 6개의 주에 6개의 군사 단체를 두어 이를 6정이라고 불렀다.

18 여러 나라의 성장　　　정답 ①

정답률(%)	문항별 선택비율(%)			
	①	②	③	④
79.59	79.59	2.04	12.24	6.12

제시된 자료의 (가)는 부여, (나)는 옥저와 관련된 내용이다. ① 고조선의 관직명에 대한 설명이다.

오답분석 ② 부여에서는 남의 물건을 훔쳤을 때에는 물건 값의 12배를 배상하게 하였다. ③ 옥저와 동예에 대한 설명이다. ④ 옥저에서는 사람이 죽으면 가매장했다가 나중에 뼈를 추려서 장례를 치른 후 가족 공동 무덤인 큰 목곽에 안치하는 장례 풍습이 있었다.

19 세조　　　정답 ②

정답률(%)	문항별 선택비율(%)			
	①	②	③	④
91.84	2.04	91.84	4.08	2.04

밑줄 친 인물은 세조이다. ② 세조는 사육신 사건 이후 자신을 비판한 집현전과 경연을 폐지하였고, 왕권을 강화하기 위해 종친을 등용하였다.

오답분석 ① 세종, ③ 문종, ④ 단종 때의 역사적 사실이다.

20 근대의 정치 상황　　　정답 ②

정답률(%)	문항별 선택비율(%)			
	①	②	③	④
65.31	16.33	65.31	14.29	4.08

ⓛ 1880년의 일이다. ⓒ 1884년 갑신정변 때 급진개화파가 발표한 14개조 정강에 규정된 내용이다. ⓔ 제1차 갑오개혁에서는 왕실과 정부 사무를 분리하며 왕실사무는 궁내부, 정부 사무는 의정부에서 담당하게 하였다. ⓐ 대한제국 정부 때의 개혁 내용이다.

5회차 문항분석표

구분	정치	경제	사회	문화
선사				
고대	17			1, 2, 4
중세	18			7, 8, 16
근세				6
근대 태동기				5, 10
근대 개항기	19			13
일제 강점기	20			12, 14, 15
현대				
통합형				3, 9, 11

평균 점수 : 72.59
상위 30% 점수 : 98.08

✅ Answer

1	②	2	①	3	③	4	③	5	③
6	④	7	②	8	②	9	②	10	①
11	②	12	④	13	①	14	④	15	③
16	②	17	②	18	③	19	②	20	④

01 신라 하대의 문화 　　　정답 ②

정답률(%)	문항별 선택비율(%)			
	①	②	③	④
67.65	11.76	67.65	8.82	11.76

최치원은 신라 하대에 활동한 유학자이다. ② 신라 하대에는 불교의 새로운 종파인 선종이 크게 유행하였다. 선종은 교리보다는 각 개인의 마음속에 있는 불성을 깨닫는 것이 중요하다고 하며 정신 수양을 통한 해탈을 강조했으며, 지방의 호족들에게 환영을 받았다.

오답분석 ① 첨성대가 건립된 것은 삼국 시대인 7세기 선덕여왕 때의 일이다. ③ 이문진이 『신집』을 편찬한 것은 고구려 영양왕 때인 7세기(600)의 일이다. ④ 경천사지 10층 석탑은 고려 후기에 건립된 석탑이다.

02 무령왕릉 　　　정답 ①

정답률(%)	문항별 선택비율(%)			
	①	②	③	④
70.59	70.59	17.65	5.88	5.88

제시된 자료에서 설명하고 있는 무덤은 백제 웅진 시대의 무령왕릉이다. ① 무령왕릉은 중국 남조 양식의 영향을 받았으며, 벽돌로 축조되었다.

오답분석 ② 돌무지 덧널무덤에 대한 설명이다. ③ 무령왕릉에는 벽화가 없다. ④ 굴식 돌방무덤의 구조에 대한 설명이다.

03 조선의 서적 편찬 　　　정답 ③

정답률(%)	문항별 선택비율(%)			
	①	②	③	④
85.29	8.82	5.88	85.29	0

ⓒ『의방유취』는 15세기 세종 때 편찬되었다. ⓛ『신증동국여지승람』은 16세기 중종 때 편찬된 역사 지리서이다. ㉠『동의보감』은 17세기 광해군 때 허준이 편찬한 의서이다. ㉣『열하일기』는 18세기 정조 때 박지원이 저술한 책이다.

04 원효 　　　정답 ③

정답률(%)	문항별 선택비율(%)			
	①	②	③	④
85.29	11.76	0	85.29	2.94

제시된 자료는 원효의 사상적 특징에 대해 설명하고 있다. ③ 원효는 극락에 가고자 하는 아미타 신앙을 자신이 직접 전도하며 불교 대중화의 길을 열었다.

오답분석 ① 의상은 경북 영주에 부석사를 창건하였으며, 이후에도 많은 사찰을 건립하였다. ② 원광에 대한 설명이다. ④ 자장에 대한 설명이다.

05 조선 후기의 과학 기술 　　　정답 ③

정답률(%)	문항별 선택비율(%)			
	①	②	③	④
64.71	0	5.88	64.71	29.41

제시된 자료는 조선 후기의 공예에 대해 설명하고 있다. ③ 천상열차분야지도는 조선 태조 때 고구려의 천문도를 바탕으로 돌에 새긴 별자리 지도이다.

오답분석 ① 조선 후기에 김육 등의 노력으로 시헌력이 도입되었다. ② 조선 후기의 과학 기술 발달에 대한 설명이다. ④ 조선 후기에 홍만선은 『산림경제』를, 서호수는 『해동농서』를 저술하여 농업 기술의 발전에 이바지하였다.

06 이이 　　　정답 ④

정답률(%)	문항별 선택비율(%)			
	①	②	③	④
55.88	20.59	11.76	11.76	55.88

제시된 자료의 밑줄 친 '그'는 이이를 일컫는다. ④ 이이는 16세기 당시의 현실 문제를 문답식으로 논한 『동호문답』을 저술했으며, 수미법을 제안하여 수취 제도의 개혁을 주장하였다.

오답분석 ① 조식에 대한 설명이다. ② 이황의 사상은 도덕적 행위의 근거로서 인간의 심성을 중시하고, 근본적이며 이상주의적인 성격이 강하였다. ③ 이황에 대한 설명이다.

07 최충 　　　　　　　　　　　　　　정답 ②

정답률(%)	문항별 선택비율(%)			
	①	②	③	④
79.41	2.94	79.41	5.88	11.76

밑줄 친 '그'는 고려의 유학자인 최충이다. ② 최충은 문종 때 활약한 유학자로, 고려의 유학을 한 차원 높여 해동공자라는 칭송을 들었다. 또한, 관직에서 물러난 후에는 9재 학당이라는 사학을 세워 유학 교육에 힘썼다.

오답분석 ① 안향에 대한 설명이다. ③ 고려 성종 때 활약한 최승로에 대한 설명이다. ④ 이제현 등에 대한 설명이다.

08 『삼국유사』 　　　　　　　　　　　　정답 ②

정답률(%)	문항별 선택비율(%)			
	①	②	③	④
82.35	8.82	82.35	5.88	2.94

제시된 자료는 충렬왕 때 일연이 편찬한 『삼국유사』에 대해 설명하고 있다. ② 『삼국유사』는 고대의 민간 설화나 전래 기록을 수록하는 등 우리의 고유 문화와 전통을 중시하였으며, 단군을 우리 민족의 시조로 여겨 단군의 건국 이야기를 수록하였다.

오답분석 ① 『삼국사기』는 현존하는 우리나라 최고(最古)의 역사서로, 유교적 합리주의 사관에 기초하여 기전체로 서술하였다. ③ 이규보의 『동명왕편』에 대한 설명이다. ④ 『삼국사기』에 대한 설명이다.

09 창덕궁 　　　　　　　　　　　　　　정답 ②

정답률(%)	문항별 선택비율(%)			
	①	②	③	④
73.53	2.94	73.53	17.65	5.88

제시된 자료는 창덕궁에 대해 설명하고 있다. 돈화문은 태종 때 건립된 창덕궁의 정문으로, 다포식 우진각 지붕 형태를 하고 있다. 또한 규장각은 정조 재위 기간에 궐내에 설치된 것으로 조선 왕실의 도서관이자 학술 및 정책을 연구한 기관이다.

10 이익 　　　　　　　　　　　　　　정답 ①

정답률(%)	문항별 선택비율(%)			
	①	②	③	④
73.53	73.53	2.94	8.82	14.71

제시된 자료는 이익의 '6좀론'이다. ① 이익에 대한 설명이다.

오답분석 ② 박제가에 대한 설명이다. ③ 서얼 출신이지만, 규장각 검서관으로 활동한 인물로는 이덕무·유득공·박제가 등이 있다. ④ 유형원에 대한 설명이다.

11 조선 전·후기의 지도 　　　　　　　　정답 ②

정답률(%)	문항별 선택비율(%)			
	①	②	③	④
82.35	11.76	82.35	2.94	2.94

제시된 자료의 (가)는 '혼일강리역대국도지도'에 대한 내용이고, (나)는 '대동여지도'의 특징에 대해 설명하고 있다. ② 최초로 100리척이 사용된 지도는 영조 때 정상기가 만든 동국지도이다.

오답분석 ① 혼일강리역대국도지도에서는 중국을 중심으로 서아시아와 아프리카, 유럽까지 그려져 있다. ③, ④ 대동여지도에 대한 설명들이다. 김정호의 대동여지도는 각종 시설물을 기호로 제시 하고 산맥, 하천, 포구, 도로를 정밀하게 묘사하였으며 10리마다 눈금을 매겨 지역 간 거리를 쉽게 알 수 있도록 하였다.

12 신채호 　　　　　　　　　　　　　　정답 ④

정답률(%)	문항별 선택비율(%)			
	①	②	③	④
76.47	14.71	2.94	5.88	76.47

제시된 자료는 신채호가 저술한 『조선상고사』의 내용이다. ④ 신채호는 고대사 연구에 주력하여 『조선상고사』, 『조선사 연구초』 등을 저술하였다.

오답분석 ① 정인보에 대한 설명이다. ② 백남운 등 사회경제사학자에 대한 설명이다. ③ 박은식에 대한 설명이다.

13 근대의 교육 기관 　　　　　　　　　정답 ①

정답률(%)	문항별 선택비율(%)			
	①	②	③	④
67.65	67.65	5.88	14.71	11.76

① 최초의 근대적 사립학교는 원산학사이다.

오답분석 ② 동문학은 1883년에 설립되었고, 고종의 교육입국조서는 동문학 설립 이후인 1895년에 발표되었다. ③ 육영공원에 대한 설명이다. 아펜젤러가 세운 배재학당은 외국 선교사가 세운 최초의 사립학교이다. ④ 양기탁이 아니라 안창호에 대한 설명이다. 안창호가 설립한 학교로는 점진 학교, 대성 학교 등이 있다.

14 조선어학회 　　　　　　　　　　　　정답 ④

정답률(%)	문항별 선택비율(%)			
	①	②	③	④
73.53	23.53	0	2.94	73.53

1931년 조직된 조선어학회는 한글 강습 교재를 만들어 문맹 퇴치 운동에 적극 참여했고, 우리말 큰사전의 편찬에 주력하였다. 이를 위해 한글 맞춤법 통일안과 표준어 및 외래어 표기법 통일안을 제정하는 등 한글 표준화에 기여하였다.

정답
및
해설

15 일제 강점기의 문화 정답 ③

정답률(%)	문항별 선택비율(%)			
	①	②	③	④
70.59	5.88	20.59	70.59	2.94

제시된 자료는 1925년에 제정된 치안유지법의 내용이다. 치안유지법은 1925년부터 1945년 8월 15일 해방되기 전까지 적용되었다. ③ 근대적인 인쇄 시설을 갖춘 박문국은 1883년에 설치되어 1884년 갑신정변 때 폐쇄되었다. 이듬해 다시 문을 열었으나 1888년 재정 문제로 다시 문을 닫았다.

오답분석 ① 아리랑은 1926년에 개봉한 영화이다. ② 1940년대의 사회 모습에 대한 설명이다. ④ 진단학회는 1934년에 창립된 학술 단체이다.

16 고려의 문화 정답 ②

정답률(%)	문항별 선택비율(%)			
	①	②	③	④
61.76	11.76	61.76	14.71	11.76

제시된 자료는 고려의 무역 활동에 대해 설명하고 있다. ② 통일 신라 시대에는 상원사 종동, 성덕대왕 신종 등이 주조되었는데, 특히 성덕대왕 신종은 맑고 장중한 소리와 아름다운 비천상 무늬로 유명하였다.

오답분석 ① 고려 전기에는 주로 주심포 양식이 유행하였다. ③ 고려 전기에는 논산의 관촉사 석조 미륵보살 입상이나 안동의 이천동 마애여래 입상처럼 거대한 불상이 조성되기도 하였다. ④ 고려 시대에 대한 설명이다.

17 신문왕 정답 ②

정답률(%)	문항별 선택비율(%)			
	①	②	③	④
88.24	0	88.24	2.94	8.82

제시된 자료는 신문왕 때의 김흠돌의 난과 관련된 내용이다. ② 신문왕은 군사 조직을 정비하여 중앙군인 9서당과 지방군인 10정을 설치하였다.

오답분석 ① 진덕여왕 때의 일이다. ③ 경덕왕의 업적에 대한 설명이다. ④ 최초의 진골 출신의 왕은 태종 무열왕(김춘추)이다.

18 고려 후기의 정치 상황 정답 ③

정답률(%)	문항별 선택비율(%)			
	①	②	③	④
76.47	8.82	5.88	76.47	8.82

ⓒ 12세기 인종 때의 일이다. ㉠ 충렬왕 때의 일이다. ㉡ 충선왕 때의 관제 개혁에 대한 설명이다. 충선왕은 왕명 출납을 관장하는 권력 기구로 사림원을 두어 개혁의 중심 기관으로 삼았다. ㉢ 공민왕의 업적에 대한 설명이다.

19 흥선 대원군 정답 ②

정답률(%)	문항별 선택비율(%)			
	①	②	③	④
91.18	0	91.18	2.94	5.88

제시된 자료는 흥선 대원군의 대내외 정책에 대해 평가하고 있다. ② 흥선 대원군은 비변사를 사실상 폐지하고 의정부와 삼군부의 기능을 부활시켰다.

오답분석 ① 흥선 대원군이 하야한 이후 민씨 정권이 추진한 초기 개화 정책에 대한 설명이다. ③ 흥선 대원군이 하야한 이후인 1894년 12월에 고종은 개혁 방향이 담긴 홍범 14조를 발표하였다. ④ 영조 때 균역법의 시행으로 감소된 재정을 보충하기 위해 결작세를 신설하여 지주에게 토지 1결당 미곡 2두를 추가로 부담시켰다.

20 한국광복군 정답 ④

정답률(%)	문항별 선택비율(%)			
	①	②	③	④
79.41	8.82	5.88	5.88	79.41

제시된 자료의 밑줄 친 '이 단체'는 한국광복군이다. ④ 한국광복군은 영국군의 요청에 따라 인도·미얀마 전선에 일부 대원을 파견하여 일본군 포로의 심문, 전단 살포 등을 담당하였다.

오답분석 ① 한국광복군은 홍범도가 아니라 지청천을 총사령관으로 임명하였다. ② 조선 혁명군에 대한 설명이다. ③ 1930년대 만주에서 활동한 한국 독립군에 대한 설명이다.

평균 점수: 63.5
상위 30% 점수: 87.1

Answer

1	②	2	②	3	④	4	④	5	④
6	③	7	②	8	②	9	④	10	③
11	①	12	④	13	③	14	④	15	①
16	②	17	④	18	①	19	②	20	④

01 선사 시대
정답 ②

정답률(%)	문항별 선택비율(%)			
	①	②	③	④
46.67	23.33	46.67	3.33	26.67

② 신석기 시대에는 부족은 혈연을 바탕으로 한 씨족을 기본 구성단위로 하였다. 이들 씨족은 각각 폐쇄적인 독립 사회를 이루고 있었으며, 점차 다른 씨족과의 족외혼을 통하여 부족을 이루었다.

오답분석 ① 공주 석장리가 아니라 연천 전곡리 유적이다. 전곡리 유적에서는 동아시아에서 처음으로 아슐리안 계통의 주먹도끼가 발견되었다. 이는 뫼비우스 이론을 반박하는 최초의 증거였다. ③ 평안남도 궁산 조개더미는 신석기 시대의 유적지로, 이곳에서 사슴뼈를 갈아 만든 바늘이 베에 끼어진 채로 발견되었다. ④ 서천 화금리는 청동기 시대의 유적지이다.

02 신문왕
정답 ②

정답률(%)	문항별 선택비율(%)			
	①	②	③	④
60	16.67	60	0	23.33

제시된 자료의 밑줄 친 '왕'은 신문왕이다. 안승의 보덕국은 통일 신라 신문왕 때 소멸되었다. ② 신문왕 때 청주에 서원소경을, 남원에 남원소경을 설치하여 5소경을 완비하였다.

오답분석 ① 문무왕 재위 기간인 671년, 신라는 백제의 수도였던 사비성을 다시 탈환하고 여기에 소부리주를 설치하여 백제 땅에 대한 지배권을 강화하였다. ③ 집사부가 설치된 것은 진덕여왕 때의 일이다. ④ 문무왕은 죽을 때 '동해의 용이 되어 왜적의 침입을 막겠다.'라는 유언을 남겼다고 한다.

03 고대의 통치 체제
정답 ④

정답률(%)	문항별 선택비율(%)			
	①	②	③	④
80	0	10	10	80

④ 중정대, 사빈시 등은 발해의 관서들이다.

오답분석 ① 고구려와 신라에는 대보라는 관직이 있어 정무와 군사를 담당하고, 국정을 총괄하는 재상의 역할을 하였다. ② 백제는 수상격인 상좌평을 정사암 회의에서 선출하였고, 조정좌평이 형옥 업무를 관장하였다. ③ 삼국 시대, 신라의 관등제는 경위와 외위로 이원화되어 있었다.

04 통일 신라의 경제 상황
정답 ④

정답률(%)	문항별 선택비율(%)			
	①	②	③	④
96.67	3.33	0	0	96.67

제시된 자료의 밑줄 친 '그'는 남북국 시대인 9세기 무렵에 활동한 장보고이다. ④ 통일 신라는 어아주, 조하주 등의 고급 비단을 생산하여 왕실과 귀족이 옷감으로 사용했을 뿐 아니라 당나라에도 수출하였다.

오답분석 ① 읍루는 고대 시대에 존재했던 부족으로, 고구려의 일부 상인들은 만주의 읍루 상인들과 침묵 교역을 한 것으로 여겨진다. ② 백제의 수공업에 대한 설명이다. ③ 고려 시대의 지방 상업에 대한 설명이다.

05 고려의 신분제도
정답 ④

정답률(%)	문항별 선택비율(%)			
	①	②	③	④
50	26.67	16.67	6.67	50

④ 고려 시대에는 '간' 또는 '척'이라고 불린 계층이 존재했는데, 이들은 노비처럼 주인 소유가 아니었으며 넓게 보면 양인의 범주에 속하였다.

오답분석 ① 남반은 궁중 실무를 담당하였다. 중앙 관청의 말단에서 행정 실무를 관장한 것은 서리(잡류)이다. ② 사심관에 임명된 것은 개경에 거주하는 고관으로, 부호장 이하의 관직을 임명하였다. ③ 조선 후기인 영조 때 정착된 노비종모법에 대한 설명이다. 고려 시대에는 일천즉천에 따라 부모 중 한명이 노비일 경우, 자녀도 노비가 되었다.

06 이황 · 정답 ③

정답률(%)	문항별 선택비율(%)			
	①	②	③	④
63.33	0	23.33	63.33	13.33

제시된 자료는 이황이 선조에게 바친 『성학십도』의 내용이다. ③ 이황의 학설은 주희의 견해를 심학의 차원으로 발전시킨 것이다. 이에 이황을 '동방의 주자'라고 불렀다.

오답분석 ① 기대승에 대한 설명이다. ② 이언적은 중종에게 「일강십목소」라는 상소를 올려, 군주의 수신제가하는 방법으로 성리학을 당면한 실천 과제로 제안하였다. ④ '구도장원공'은 이이의 별칭이다.

07 고대의 문화 교류 · 정답 ②

정답률(%)	문항별 선택비율(%)			
	①	②	③	④
76.67	0	76.67	6.67	16.67

② 백제가 아니라 고구려다. 고구려의 담징은 일본에 종이와 먹의 제조 방법을 전해주었다.

오답분석 ① 신라인들은 일본에 배 만드는 기술(=조선술)과 제방 쌓은 기술(=축제술)을 전해주었다. ③ 고구려의 승려 혜자는 일본 쇼토쿠 태자의 스승이 되었다. ④ 통일 신라 시대, 심상에 의하여 전해진 화엄 사상은 일본 화엄종을 일으키는 데 많은 영향을 주었다.

08 대동법 · 정답 ②

정답률(%)	문항별 선택비율(%)			
	①	②	③	④
13.33	36.67	13.33	0	50

제시된 자료는 효종 때 김육이 대동법 확대를 주장한 상소의 내용으로, 밑줄 친 '이 법'은 대동법이다. ② 대동법의 시행으로 상공은 없어지게 되었다. 그러나 진상이나 별공은 그대로 남아 현물 징수가 완전히 폐지된 것은 아니었다.

오답분석 ① 균역법의 실시에 따라 부족해진 재정은 지주에게 결작이라 하여 토지 1결당 미곡 2두씩을 부담시켰다. ③ 세종 때 시행한 공법에 대한 설명이다. ④ 영정법과 관련된 내용이다.

09 조선의 정치 제도 · 정답 ④

정답률(%)	문항별 선택비율(%)			
	①	②	③	④
86.67	3.33	0	10	86.67

④ 차대는 매월 몇 차례씩 고급관원과 전직 대신을 만나는 회의이고, 상참은 매일 의정부, 6조, 3사 등의 고급 관원들과 정책을 논의한 정기 회의이다.

오답분석 ① 정승은 예문관·홍문관·승문원·춘추관·관상감 등 중요 관청의 최고 책임을 겸임하였다. ② 수령은 정3품의 목사, 종3품의 부사, 종4품~정5품의 군수, 종5품의 현령, 종6품의 현감을 통칭하며, 성주, 지주, 원님, 사또 등 별칭으로 불렸다. ③ 조선 시대에는 천재지변이나 국가 중대사가 일어났을 때 조정의 모든 관원과 초야의 백성들에게 의견을 써서 바치도록 하는 구언 제도가 있었다.

10 정조 · 정답 ③

정답률(%)	문항별 선택비율(%)			
	①	②	③	④
30	33.33	6.67	30	30

제시된 자료는 정조 때 문체반정과 관련된 내용이다. ③ 정조는 8도의 지방 유생을 포용하기 위해 각 도별로 유생의 명단인 『빈흥록』을 편찬하기도 하였다.

오답분석 ① 순조 때의 일이다. ② 숙종 때, 도체찰사라는 군정 기관을 부활시키고, 그 본진으로서 개성 부근에 대흥산성을 축조하였다(2차 북벌 운동). ④ 영조 때의 일이다.

11 고려 숙종 · 정답 ①

정답률(%)	문항별 선택비율(%)			
	①	②	③	④
86.67	86.67	3.33	6.67	3.33

제시된 자료는 고려 숙종 때의 화폐 발행과 관련된 내용이다. ① 숙종은 평양에 기자사당을 세워 기자를 '교화의 임금'으로 숭상하여 제사를 지내기 시작하였다. 이는 우리나라 유교 전통의 뿌리를 고조선에서 찾고자 함이었다.

오답분석 ② 문신월과법은 성종 때 제정되었다. ③ 예종 때 윤관·오연총 등의 여진족 정벌과 관련된 내용이다. ④ 초조대장경은 현종 때 부처의 힘을 빌려 거란을 물리치려는 염원에서 조판이 시작되어, 70여 년의 각고 끝에 완성되었다.

12 천주교의 전파 및 박해 · 정답 ④

정답률(%)	문항별 선택비율(%)			
	①	②	③	④
76.67	6.67	6.67	10	76.67

ⓒ 17세기 광해군 때 명나라에 갔던 허균은 『천주교 12단』이라는 책을 가지고 왔다. ② 18세기 정조 때 안정복은 『천학고』, 『천학문답』 등을 저술하여 천주교를 사교로 규정하며 비판하였다. ⓛ 순조 때 신유박해의 결과로 이승훈, 이가환, 정약종 등이 사형을 당하였고, 정약전, 정약용 등이 유배형을 당하였다. ⓞ 헌종 때 일어난 병오박해 당시의 일이다. 우리나라 최초의 신부인 김대건은 충청도 당진을 근거로 포교하던 중 붙잡혀 처형되었다.

13 군국기무처

정답 ③

정답률(%)	문항별 선택비율(%)			
	①	②	③	④
83.33	3.33	6.67	83.33	6.67

제시된 자료는 제1차 갑오개혁의 내용으로, 이를 주관한 기구는 군국기무처다. ③ 한성사범학교 관제는 군국기무처가 폐지된 이후인 1895년에 발표되었다.

오답분석 ① 군국기무처는 영의정 김홍집을 총재관으로 하여 박정양, 김윤식, 유길준 등 17명이 위원으로 참여하였다. ② 경복궁 수정전은 갑오개혁 때 군국기무처와 내각의 회의 청사로 이용되었다. ④ 군국기무처에서는 권력을 농단하여 궁중 질서를 문란케 한 무녀 진령군과 민중 착취를 자행했던 전 선혜청 당상 민영준 등을 조속히 체포·처벌할 것을 고종에게 촉구하였다. 진령군은 임오군란 이후 명성황후 민씨의 총애를 받아 궁중에 들어온 무녀로 '진령군'이라는 작호를 받은 뒤 인사권에 개입하여 권세를 휘둘렀다.

14 근대의 사회·문화

정답 ④

정답률(%)	문항별 선택비율(%)			
	①	②	③	④
43.33	13.33	40	3.33	43.33

대한천일은행은 1899년에 설립되어, 1905년까지 운영되었다. ④ 1900년 고종은 다과를 들거나 연회를 여는 등의 목적으로 경운궁에 정관헌을 지었다. 정관헌은 로마네스크 양식으로 지어졌으며, 회색과 붉은색 벽돌로 장식되어 있는 것이 특징이다.

오답분석 ① 1887년 경복궁 건청궁 내에 처음으로 전등이 가설되었다. ② 부산과 일본 나가사키 사이에 처음 전신 시설이 개통된 것은 1884년의 일이다. ③ 우리나라 최초의 근대식 병원인 광혜원은 1885년에 설립되었다.

15 최익현

정답 ①

정답률(%)	문항별 선택비율(%)			
	①	②	③	④
53.33	53.33	40	6.67	0

제시된 자료는 을사조약 체결에 반발하여 최익현이 작성한 「포고팔도사민」의 내용이다. ① 을사조약 체결 이후, 최익현은 전북 태인에서 의병을 일으켰으나 정부군과 싸울 수 없다며 스스로 부대를 해산시키고 체포되었다. 이후 일본군에 의해 쓰시마 섬에 유폐되어 이곳에서 단식하다가 순국하였다.

오답분석 ② 민영환, ③ 민종식, ④ 이인영에 대한 설명이다.

16 의열단

정답 ②

정답률(%)	문항별 선택비율(%)			
	①	②	③	④
36.67	13.33	36.67	3.33	46.67

제시된 자료는 「조선혁명선언」에 잘 나타난 의열단의 행동 강령과 관련된 내용이다. ② 의열단은 1926년 계급 타파와 토지 평균 등을 지도 이념으로 하는 20개 조의 강령을 만들고 민족 협동 운동에 참여할 것을 선언하였다.

오답분석 ① 1929년에 조직된 국민부에 대한 설명이다. ③ 한인 애국단 소속인 윤봉길의 의거를 계기로 중국 국민당 정부는 임시 정부를 후원하였다. ④ 김익상이 아니라 김상옥의 활동에 대한 설명이다.

17 일제의 경제 수탈 정책

정답 ④

정답률(%)	문항별 선택비율(%)			
	①	②	③	④
76.67	6.67	10	6.67	76.67

④ 일제는 식량배급제, 미곡공출제에 이어 1943년에는 조선 식량 관리령을 제정하여 공출의 범위를 미곡에서 전체 식량으로 확대하였다.

오답분석 ① 호남선·경원선이 개통된 것은 1910년대의 일이다. ② 일제는 춘궁 퇴치·자력갱생 등을 내세우며 농촌 진흥 운동을 전개하였다. ③ 일제가 중·일 전쟁을 일으킨 것은 1937년의 일이고, 함경도에 흥남 질소 비료 공장(조선 질소 비료 공장) 건설된 것은 1927년의 일이다.

18 1950년대 정치 상황

정답 ①

정답률(%)	문항별 선택비율(%)			
	①	②	③	④
53.33	53.33	13.33	23.33	10

신익희 후보가 대통령 선거를 며칠 앞두고 갑작스럽게 급사한 것은 1956년 5월에 실시된 3대 대통령 선거 때의 일이다. ① 이승만 정부는 공산당의 흉계를 분쇄한다는 명분을 내세워 1958년 12월 개정된 국가보안법을 통과시켰다.

오답분석 ② 6·25 전쟁 발발 직전인 1950년 5월의 일이다. ③ 이승만이 자신의 지지 기반을 더욱 견고히 하기 위해 자유당을 조직한 것은 1951년 12월의 일이다. ④ 이승만 대통령은 1952년 1월 평화선(=이승만 라인, 인접 해양에 대한 주권에 관한 대통령 선언)을 선포하여 우리나라 동해 연안 바다의 광물·수산 자원을 보호하고자 하였다.

정답 및 해설

19 6월 민주 항쟁 정답 ②

정답률(%)	문항별 선택비율(%)			
	①	②	③	④
76.67	6.67	76.67	10	6.67

제시된 자료는 1987년 6월 민주 항쟁 당시 발표된 6·10 국민 대회 선언의 내용이다. ② 1980년 5·18 민주화 운동 때, 계엄군의 발포로 많은 사상자가 발생하자 시위대는 시민군을 조직하여 맞섰다.

오답분석 ①, ④ 6월 민주 항쟁과 관련된 내용이다. ③ 야당과 재야 민주 세력을 중심으로 민주 헌법 쟁취 국민운동 본부가 발족되어 6월 10일 전국 규모의 시위를 계획·추진하였다.

20 현대의 사회·문화 정답 ④

정답률(%)	문항별 선택비율(%)			
	①	②	③	④
80	6.67	0	13.33	80

② 1957년의 일이다. ○ 1970년 전태일은 "근로 기준법을 준수하라.", "우리는 기계가 아니다."라고 외치며 분신자살하였다. © 1979년의 일이다. ③ 1994년에 체결된 우루과이 라운드에 따라 우리나라는 쌀시장을 개방하게 되었다.

7회차 문항분석표

구분	정치	경제	사회	문화
선사	1			
고대	2, 3			
중세	4, 5	11		
근세	6, 7			
근대 태동기	8		12	10
근대 개항기	13, 19			18
일제 강점기	14, 16			
현대	15, 20			
통합형		17		9

평균 점수: 67.3
상위 30% 점수: 87.6

✅**Answer**

1	④	2	③	3	③	4	②	5	④
6	④	7	④	8	②	9	④	10	①
11	①	12	④	13	①	14	②	15	②
16	①	17	①	18	③	19	②	20	②

01 초기 철기 시대   정답 ④

정답률(%)	문항별 선택비율(%)			
	①	②	③	④
82	11	2	4	82

경남 창원 다호리에서는 초기 철기 시대의 유물이 발견되었다. ④ 초기 철기 시대에는 토기의 입부 부분에 원형, 타원형, 삼각형의 덧띠를 붙인 덧띠 토기와 검은 간토기 등이 사용되었다.

오답분석 ① 청동기 시대, ② 신석기 시대에 대한 설명이다. ③ 잔무늬 거울과 거친무늬 거울이 뒤바뀌었다. 초기 철기 시대에는 청동기의 독자적 발전에 따라 거친무늬 거울이 잔무늬 거울로 변하였다.

02 삼국의 발전 과정   정답 ③

정답률(%)	문항별 선택비율(%)			
	①	②	③	④
76	9	11	76	4

③ 진평왕 때의 일이다.

오답분석 ① 신라 선덕여왕 때 자장의 건의에 따라 건립된 황룡사 9층 목탑에 대한 설명이다. ② 의자왕 때의 일이다. ④ 『삼국사기』에 대한 설명이다.

03 성덕왕   정답 ③

정답률(%)	문항별 선택비율(%)			
	①	②	③	④
53	18	2	53	27

제시된 자료는 발해 무왕의 당나라 등주 공격에 대한 내용으로, 이 시기 신라의 국왕은 성덕왕이다. ③ 성덕왕 때 당에서 공자와 그 제자들의 초상화를 들여와 국학에 안치하였다.

오답분석 ① 신문왕 때의 일이다. ② 적고적의 난은 신라 하대인 진성여왕 때 일어났다. ④ 경덕왕 때의 일이다.

04 고려 성종   정답 ②

정답률(%)	문항별 선택비율(%)			
	①	②	③	④
67	16	67	11	7

제시된 자료는 성종 때 최승로가 건의한 시무 28조의 내용이다. ② 성종 때 물가 조절 기관인 상평창을 설치하였다.

오답분석 ① 현종 때의 일이다. ③ 광종의 업적이다. ④ 성종은 국가적인 불교 행사를 억제하여 연등회와 팔관회를 중단하였다.

05 고려의 관리 등용 제도   정답 ④

정답률(%)	문항별 선택비율(%)			
	①	②	③	④
98	0	2	0	98

(가) 사마시는 과거의 2차 시험인 국자감시를 일컫는 것으로, 국자감에서 시험을 보았고 합격자를 진사라고 불렀다. ④ 음서는 5품 이상 관리의 자손, 왕족과 공신의 후손 등이 혜택을 입을 수 있었다.

오답분석 ① 잡과에 대한 설명이다. ② 음서에 대한 설명이다. 사마시는 연령 제한이 따로 없었다. ③ 과거에 대한 설명이다. 과거는 3년마다 시행되는 식년시가 원칙이나 격년시도 시행되었다.

06 조선 태조   정답 ④

정답률(%)	문항별 선택비율(%)			
	①	②	③	④
51	20	11	18	51

제시된 자료는 정도전과 남은이 태조 이성계에게 요동 정벌에 관해 본인들의 의견을 제시하고 있는 내용으로, 밑줄 친 ㉠은 태조 이성계를 일컫는다. ④ 고려 공양왕 때인 1391년 급전도감을 설치하였다.

오답분석 ① 태조 때 도평의사사의 권한을 약화시키기 위해 군사 업무는 의흥삼군부로 이관시켰다. ② 태조 때 억불 정책의 일환으로 도첩제를 실시하였다. ③ 태조 때 정도전이 『조선경국전』을 편찬하여 체제 정비에 공헌하였다.

정답 및 해설

07 조선 명종

정답 ④

정답률(%)	문항별 선택비율(%)			
	①	②	③	④
31	18	11	40	31

밑줄 친 '조선방역지도'는 16세기 명종 때 제작된 지도이다. ④ 명종 때 진관 체제를 제승방략 체제로 변경하였다. 제승방략 체제는 16세기 후반인 명종 때부터 실시된 것으로, 각 지역의 군사를 한 곳에 집결시켜 한 사람의 지휘하에 두게 했다

오답분석 ① 세조 때의 일이다. ② 광해군 때의 회퇴변척 사건에 대한 설명이다. ③ 중종 때의 군적수포제에 대한 설명이다.

08 숙종

정답 ②

정답률(%)	문항별 선택비율(%)			
	①	②	③	④
64	2	64	27	7

제시된 자료는 『만기요람』에 기록된 것으로, 숙종 때 백두산 정계비를 세우는 과정을 설명하고 있다. ② 숙종 때 허적·윤휴 등 남인들의 주도 아래 추진되었던 2차 북벌에 대한 설명이다.

오답분석 ① 인조 때의 일이다. ③ 효종 때의 일이다. ④ 효종의 업적이다.

09 부석사

정답 ④

정답률(%)	문항별 선택비율(%)			
	①	②	③	④
89	4	0	7	89

④ 부석사의 무량수전에 대한 설명이다. 무량수전은 아미타여래불이 모셔진 본전으로, 배흘림기둥·팔작지붕·주심포 양식의 건물이다.

오답분석 ① 법주사에 대한 설명이다. ② 불국사에 대한 설명이다. ③ 청주 흥덕사에 대한 설명이다.

10 조선 후기의 문화

정답 ①

정답률(%)	문항별 선택비율(%)			
	①	②	③	④
71	71	11	9	7

방각본 출판이 활발했던 시기는 조선 후기이다. ① 조선 전기인 세종 때의 일이다.

오답분석 ② 조선 후기인 영조 때 정상기가 만든 동국지도에 대한 설명이다. ③ 조선 후기의 일이다. ④ 조선 후기, 청나라에서 세계 지도인 곤여만국전도가 전래되어 조선인들의 세계관 확대에 영향을 미쳤다.

11 고려의 문화

정답 ①

정답률(%)	문항별 선택비율(%)			
	①	②	③	④
69	69	16	9	2

제시된 자료는 고려 시대의 승탑, 탑비에 대해 설명하고 있다. ① 고려 시대의 사원 경제에 대한 설명이다.

오답분석 ② 고려 시대에는 송나라와 주로 해로를 통해 활발히 교역하였다. ③ 조선 후기의 경제 상황에 대한 설명이다. ④ 조선 전기의 경제에 대한 설명이다.

12 조선 후기의 사회 모습

정답 ④

정답률(%)	문항별 선택비율(%)			
	①	②	③	④
87	9	0	4	87

제시된 자료는 조선 후기에 일어난 임술 농민 봉기와 관련된 내용이다. ④ 고려의 사회 모습에 대한 설명이다. 고려 시대 상장제례의 의례는 대개 토착 신앙과 결합된 불교나 도교의 의식에 따랐다.

오답분석 ①, ②, ③ 조선 후기의 사회 모습에 대한 설명이다.

13 신민회

정답 ①

정답률(%)	문항별 선택비율(%)			
	①	②	③	④
71	71	4	7	13

제시된 자료는 신민회와 관련된 내용이다. ① 신민회는 태극서관을 설립하여 민중을 계몽하고자 하였다.

오답분석 ② 보안회, ③ 헌정 연구회, ④ 대한 자강회에 대한 설명이다.

14 토지 조사 사업

정답 ②

정답률(%)	문항별 선택비율(%)			
	①	②	③	④
89	0	89	4	0

제시된 자료는 1910년대에 추진된 토지 조사 사업에 대한 내용이다. ② 토지 조사 사업에 따라 지주의 권리만 인정받았으며, 농민이 오랫동안 누려왔던 관습적인 경작권은 부정되었다.

오답분석 ① 토지 조사 사업은 토지 소유자가 토지 신고서를 작성하여 일정한 기한 내에 직접 신고하도록 하였다. ③ 일제는 1910년에 임시 토지 조사국을 설치한 뒤에 1912년 토지 조사령을 공포하였다. ④ 토지 조사 사업의 결과에 대한 설명이다.

15 노태우 정부 정답 ②

정답률(%)	문항별 선택비율(%)			
	①	②	③	④
27	18	27	24	27

제시된 자료는 노태우 정부 때인 1991년에 체결된 남북 기본 합의서의 내용이다. ② 노태우 정부는 5공 청산을 위해 청문회를 개최하여 전두환 등 신군부의 쿠데타와 광주 학살 문제 등을 단죄하였다.

오답분석 ① 김영삼 정부 때의 일이다. ③ 전두환 정부 때의 일이다. ④ 김영삼 정부는 지방자치제를 전면 실시하여 지방 자치 단체장 선거를 통해 주민들이 도지사, 시장, 군수 등을 직접 선출하도록 하였다.

16 김상옥(의열단) 정답 ①

정답률(%)	문항별 선택비율(%)			
	①	②	③	④
82	82	4	2	7

제시된 자료는 의열단원인 김상옥의 죽음을 전하는 동아일보 기사의 내용으로, 김상옥의 의거 1년 후인 1924년에 발표되었다. ① 김상옥에 대한 설명이다.

오답분석 ② 김익상에 대한 설명이다. ③ 1920년대 중·후반의 일이다. 의열단의 일부 단원은 1926년에 황포 군관 학교에 입학하여 교육을 받았다. ④ 나석주에 대한 설명이다.

17 보부상 정답 ①

정답률(%)	문항별 선택비율(%)			
	①	②	③	④
51	51	7	22	16

제시된 자료의 밑줄 친 '이들'은 보부상을 일컫는다. ㉠ 보부상에 대한 설명이다. ㉡ 보부상은 관허 상인으로, 장시를 중심으로 봇짐이나 등짐을 지고 다니며, 일용 잡화, 농수산물, 수공업 제품, 약재 등을 판매하였다.

오답분석 ㉢, ㉣ 시전상인에 대한 설명이다.

18 근대의 언론 정답 ③

정답률(%)	문항별 선택비율(%)			
	①	②	③	④
67	11	11	67	4

③ 한성순보는 순한문으로 발간되었다.

오답분석 ① 독립신문은 한글판과 영문판 두 종류로 발간되어 국민을 계몽하고 국내 사정을 외국인에게 전달하였다. ② 만세보에 대한 설명이다. ④ 대한매일신보는 영국인 베델이 발행인으로 참여했기 때문에 일제의 검열에서 비교적 자유로웠으며, 민족 운동을 활발히 전개할 수 있었다.

19 대한제국 정답 ②

정답률(%)	문항별 선택비율(%)			
	①	②	③	④
76	2	76	11	4

노량진과 제물포를 연결하는 경인선 철도가 개통된 것은 1899년으로, 이 시기는 대한제국 때이다. ② 1차 갑오개혁 때의 일이다.

오답분석 ①, ③, ④ 대한제국 시기에 추진된 정책에 대한 설명이다.

20 이승만 정답 ②

정답률(%)	문항별 선택비율(%)			
	①	②	③	④
49	24	49	13	9

제시된 자료는 이승만의 정읍 발언이다. ② 이승만은 5·10 총선거에 참여하여 제헌 국회의원으로 당선되었다.

오답분석 ① 안재홍, ③ 여운형, ④ 김규식에 대한 설명이다.

정답 및 해설

8회차 문항분석표

구분	정치	경제	사회	문화
선사	19			
고대	16, 17			18
중세	13, 14			15
근세	10, 11			12
근대 태동기	8			9
근대 개항기	1, 2			
일제 강점기	3, 4	5		
현대	6, 7		20	

평균 점수 : 69.8
상위 30% 점수 : 92.5

Answer

1	②	2	③	3	①	4	③	5	③
6	②	7	②	8	③	9	①	10	③
11	②	12	①	13	④	14	④	15	④
16	②	17	③	18	②	19	③	20	③

01 광무개혁　　정답 ②

정답률(%)	문항별 선택비율(%)			
	①	②	③	④
57	24	57	19	0

제시된 자료는 1898년에 관민 공동회에서 고종에게 건의한 헌의 6조의 내용이다. ② 대한제국은 1899년 원수부를 설치하여 황제가 국방과 군사에 관한 지휘권을 직접 장악하였다.

오답분석 ① 고종은 1897년 대한제국 선포에 앞서 '광무'라는 독자적인 연호를 제정하였다. ③ 1차 갑오개혁 때의 일이다. ④ 2차 갑오개혁 때의 일이다.

02 갑신정변　　정답 ③

정답률(%)	문항별 선택비율(%)			
	①	②	③	④
76	5	10	76	10

제시된 자료의 밑줄 친 '이 사건'은 갑신정변을 일컫는다. ③ 갑신정변 때 급진개화파가 발표한 갑신정변 14개조 정강에 대한 설명이다.

오답분석 ① 임오군란 이후 청에 대한 입장 차이, 개화 정책의 추진 방법 등을 둘러싸고 개화 세력은 급진파와 온건파로 분화되었다. ②, ④ 임오군란 때의 일이다.

03 1910년대 일제의 정책　　정답 ①

정답률(%)	문항별 선택비율(%)			
	①	②	③	④
76	76	5	10	10

제시된 자료는 1911년에 제정된 제1차 조선 교육령의 내용이다. ① 1910년대에 시행된 회사령에 대한 설명이다.

오답분석 ② 1920년대 문화 통치 시기에 대한 설명이다. ③ 1941년의 일이다. ④ 1936년의 일이다.

04 의열단　　정답 ③

정답률(%)	문항별 선택비율(%)			
	①	②	③	④
52	24	19	52	5

제시된 자료는 의열단의 공약 10조 중 일부이다. ③ 의열단은 중국 국민당 정부의 지원 아래, 조선 혁명 간부 학교를 설립하여 혁명 투사 및 독립 운동 지도자를 양성하고자 하였다.

오답분석 ① 의열단은 만주사변 발발 이전인 1919년에 결성되었다. ② 박열은 의열단 소속의 단원이 아니다. 그는 관동대지진 당시 조선인 학살 와중에 일본 국왕을 폭살하려 했다는 이유로 구속되었다. ④ 강우규는 의열단이 아니라 대한 노인단에 속한 인물이다.

05 물산 장려 운동　　정답 ③

정답률(%)	문항별 선택비율(%)			
	①	②	③	④
86	0	5	86	10

제시된 자료는 조선 물산 장려회 궐기문의 내용이다. ③ 민립 대학 운동 당시 '한민족 1천만이 한 사람이 1원씩'이라는 구호 아래 모금 운동이 전국에 걸쳐 진행되었다.

오답분석 ① 토산 애용 부인회와 같은 여성 단체들이 물산 장려 운동에 적극 참여하였다. ② 사회주의자들은 물산 장려 운동이 자본가의 이익만 위한다고 하며 비판하였다. ④ 1920년대 초 조만식을 중심으로 평안도의 경제·교육계 인사들이 모여 물산 장려 운동을 전개하였다.

06 통일 정책　　정답 ②

정답률(%)	문항별 선택비율(%)			
	①	②	③	④
48	24	48	14	14

(가) 1991년 12월, 서울에서 열린 제5차 고위급 회담에서 남북 기본 합의서가 채택되었다. (나) 2000년 6월, 남북 공동 선언이 발표되었다. ② 김영삼 정부는 1994년에 자주, 평화, 민주의 원칙 아래 통일 민주 공화국을 구성하자는 한민족 공동체 통일 방안을 발표하였다. 이는 화해와 협력, 남북 연합, 통일 국가 수립 등을 제시하였다.

오답분석 ① 6·15 남북 공동 선언이 발표된 이후에 추진된 정책이다. ③ 1960년대의 일이다. ④ 1971년 8월에 대한적십자사가 북한에 1천만 이산가족을 찾기 위한 남북 적십자 회담을 제의하였다.

07 4·19 혁명 정답 ②

정답률(%)	문항별 선택비율(%)			
	①	②	③	④
62	5	62	29	5

제시된 자료는 4·19 혁명 당시 발표된 4·19 선언문의 내용이다. ② 4·19 혁명에 대한 설명이다.

오답분석 ① 1964년 6·3 항쟁에 대한 설명이다. ③ 1987년 6월 민주화 항쟁 당시, 시민들과 학생들은 호헌 철폐, 독재 타도, 민주 헌법 쟁취 등의 구호를 내세우며 시위를 벌였다. ④ 1976년 3월 1일에 재야 민주 인사들은 3·1 구국 선언을 발표하여 박정희 정권 퇴진 등을 주장하였다.

08 비변사 정답 ③

정답률(%)	문항별 선택비율(%)			
	①	②	③	④
48	5	43	48	0

제시된 자료는 비변사의 구성원인 구관당상에 대해 설명하고 있다. ③ 비변사 회의에는 정승·5조의 판서·화성 유수·대제학·각 군영의 대장 등 고위 관리가 참여하였으며, 주요 업무는 고위 당상들이 협의하여 결정하였다.

오답분석 ① 이괄의 난을 계기로 인조 때 어영군이 편성되었고, 이후 효종 때 어영청으로 정비되었다. ② 조선 전기의 중앙군인 5위에 대한 설명이다. ④ 속오군은 위로는 양반으로부터 아래로는 노비에 이르기까지 편제되어, 평상시에는 생업에 종사하다가 적이 침입하면 전투에 동원되었다.

09 양명학 정답 ①

정답률(%)	문항별 선택비율(%)			
	①	②	③	④
76	76	14	10	0

제시된 자료는 양명학의 전래와 기존 성리학자들의 반발 등에 대해 설명하고 있다. ① 양명학은 성리학의 비현실성을 비판하면서 지행합일(知行合一)의 실천성을 강조하였다.

오답분석 ② 고증학에 대한 설명이다. ③ 송시열을 중심으로 한 주자도통주의에 대한 설명이다. ④ 이항로와 최익현은 양명학과 큰 관련이 없다.

10 세종 정답 ③

정답률(%)	문항별 선택비율(%)			
	①	②	③	④
38	14	5	38	43

제시된 자료는 세종 때 칠정산 편찬과 관련된 내용이다. ③ 세종 때 일종의 예비군인 잡색군이 설치되었는데, 서리·잡학인·신량역천인 등으로 구성되었으며 노비까지 여기에 포함되었다.

오답분석 ① 신문고를 설치한 것은 태종·영조 때의 일이다. ②『경제문감』은 조선 태조 때 정도전이 편찬한 법전이다. ④ 조선 태종 때의 일이다.

11 임진왜란 정답 ②

정답률(%)	문항별 선택비율(%)			
	①	②	③	④
76	5	76	5	14

㉠ 명종이 후사 없이 죽자, 중종의 후궁이었던 창빈 안씨의 소생인 덕흥군의 아들이 1567년에 왕위에 올랐는데 그가 선조이다. ㉢ 임진왜란의 발발에 대한 설명이다. 1592년 4월 14일에 일본군이 부산포에 상륙하였다. 이에 맞서 부산포의 군민들이 첨사 정발의 지휘 아래 장렬히 싸웠으나 결국 함락되었다. ㉣ 부산에 상륙한 일본군은 서울을 향해 북상했는데, 이에 조선 정부는 신립을 보내 충주에서 막게 했으나 탄금대에서 신립도 패하였다. ㉡ 한산도 대첩은 1592년 7월의 일이다.

12 조선 전기의 문화 정답 ①

정답률(%)	문항별 선택비율(%)			
	①	②	③	④
67	67	5	24	5

제시된 자료에서 설명하고 있는 도자기는 분청사기이다. 분청사기는 고려 말에 등장하여 조선 시대 초기인 15세기까지 유행하였다. ① 악장 문학은 조선 전기인 15세기의 문학으로 대표적으로 「용비어천가」, 「월인천강지곡」 등이 있다.

오답분석 ② 고려 전기의 일이다. ③ 조선 후기의 문화 양상에 대한 설명이다. ④ 조선 후기인 정조 때 실시된 문체 반정에 대한 설명이다.

13 고려의 지방 제도 정답 ④

정답률(%)	문항별 선택비율(%)			
	①	②	③	④
95	0	0	5	95

④ 고려 시대에는 모든 군현에 지방관이 파견되지 않았으며, 오히려 지방관이 파견되지 않는 속현이나 향·소·부곡 등 특수 행정 구역은 향리를 통해 간접적으로 통제하였다.

오답분석 ① 발해의 지방 제도에 대한 설명이다. ② 현종이 아니라 성종이다. 성종 때부터 12목을 설치하여 지방관을 파견하였다. ③ 안찰사는 경관직이기 때문에, 지방에 상주하지는 않았다.

14 충선왕 <정답 ④>

정답률(%)	문항별 선택비율(%)			
	①	②	③	④
57	5	0	38	57

제시된 자료는 고려 충선왕이 추진한 정책에 대한 내용이다. ④ 충선왕 때 원에서 제작된 역법인 수시력이 전래되어 그 일부를 사용하였다.

오답분석 ① 충렬왕 때의 일이다. ② 인종 때의 일이다. ③ 충선왕은 개경이 아니라 원나라의 수도인 북경에 만권당을 세웠다.

15 초조대장경 <정답 ④>

정답률(%)	문항별 선택비율(%)			
	①	②	③	④
76	5	0	19	76

제시된 자료의 밑줄 친 '대장경'은 초조대장경을 지칭한다. ④ 현종 때 거란의 침입을 받았던 고려는 부처의 힘으로 국난을 극복하고자 초조대장경을 간행하였다.

오답분석 ① 재조대장경(팔만대장경)에 대한 설명이다. ② 고려 후기에 간행된 직지심체요절에 대한 설명이다. ③ 재조대장경(팔만대장경)에 대한 설명이다.

16 발해의 정치 제도 <정답 ②>

정답률(%)	문항별 선택비율(%)			
	①	②	③	④
81	14	81	5	0

제시된 자료는 발해의 지방 제도에 대해 설명하고 있다. ② 발해는 감찰 기구로 중정대를 두었다.

오답분석 ① 발해의 중앙 관청인 사빈시에 대한 설명이다. ③, ④ 발해의 중앙 정치 조직은 당나라의 3성 6부 제도를 근간으로 하였다. 그러나 당과는 달리 정당성(상서성)의 장관인 대내상이 수상의 역할을 하였으며, 6부의 명칭은 유교식 명칭을 사용하였다. 또 6부 중 충부·인부·의부는 좌사정이, 지부·예부·신부는 우사정이 관할하는 이원적인 통치 체제를 구성하였다.

17 신문왕 <정답 ③>

정답률(%)	문항별 선택비율(%)			
	①	②	③	④
95	5	0	95	0

제시된 자료는 신문왕이 김흠돌의 난을 진압한 뒤 발표한 교서의 내용이다. ③ 신문왕은 달구벌(대구)로 천도하려 하였으나, 귀족들의 반달로 실현하지 못하였다.

오답분석 ① 성덕왕의 업적이다. ② 흥덕왕 때 해적 소탕을 위하여 완도에 청해진을 설치하였다. ④ 경덕왕 때 9주의 명칭을 한자식(중국식)으로 바꾸었다.

18 의상 <정답 ②>

정답률(%)	문항별 선택비율(%)			
	①	②	③	④
67	19	67	14	0

제시된 자료는 『삼국유사』에 기록된 의상의 전기이다. ② 의상은 『화엄일승법계도』를 저술하여 화엄 사상을 정립하였다.

오답분석 ① 원효에 대한 설명이다. ③ 원측은 당나라에 유학하여 새로운 불교를 배웠다. 이후 그는 서명학파라는 유식학파의 시조가 되어 중국 유식학의 발전을 이끌었다. ④ 자장에 대한 설명이다.

19 여러 나라의 성장 <정답 ③>

정답률(%)	문항별 선택비율(%)			
	①	②	③	④
71	5	14	71	10

제시된 자료의 (가)는 삼한의 사회 모습에 대한 내용이고, (나)는 동예의 풍습인 책화에 관한 내용이다. ③ 삼한의 사람들은 움집·귀틀집에서 거주하였고, 삼베와 명주를 짜서 입었다.

오답분석 ① 동예에 대한 설명이다. ② 고구려의 영토 확장에 대한 설명이다. ④ 옥저의 장례 풍습에 대한 설명이다.

20 현대의 사회·문화 <정답 ③>

정답률(%)	문항별 선택비율(%)			
	①	②	③	④
90	0	10	90	0

③ 1980년대의 일이다.

오답분석 ① 한글 학회에서는 일제 강점기 때 강제로 중단되었던 『우리말 큰사전』의 편찬을 완성하였는데, 이는 1957년의 일이다. ② 1961년에 박정희 군사 정권은 신생활 재건 운동을 추진하면서 남성은 작업복 스타일의 재건복을, 여성은 신생활복을 입도록 권장하였다. ④ 1980년대의 일이다.

제 09 회 정답 및 해설

9회차 문항분석표

구분	정치	경제	사회	문화
선사	1			
고대	2, 3		4	
중세	5, 6	7		8
근세	9	12	10	
근대 태동기	11			
근대 개항기	13, 14			15
일제 강점기	16, 17			18
현대	19	20		

평균 점수 : 83.4
상위 30% 점수 : 96.1

✅ Answer

1	②	2	③	3	③	4	③	5	②
6	③	7	④	8	②	9	①	10	③
11	①	12	②	13	④	14	③	15	④
16	②	17	③	18	②	19	②	20	①

01 청동기 시대　정답 ②

정답률(%)	문항별 선택 비율(%)			
	①	②	③	④
98	0	98	1	0

㉠ 청동기 시대에 토기는 주로 민무늬 토기가 사용되었는데, 신석기 시대와 달리 형태가 다양하고 세련되었다. ㉢ 청동기 시대에는 식량 생산의 증대로 빈부 격차가 생겨나 집터 크기가 달라졌으며, 창고, 집회소, 수공업 작업장 등 다양한 시설이 들어섰다.

오답분석 ㉡ 신석기 시대에는 도토리 등이 주식으로 이용되었으며, 신석기인들은 갈돌과 갈판을 이용하여 도토리를 가공하여 먹었다. ㉣ 신석기 시대의 움집에 대한 설명이다.

02 백제의 발전 과정　정답 ③

정답률(%)	문항별 선택 비율(%)			
	①	②	③	④
90	1	2	90	6

(가)는 5세기 장수왕 때인 427년의 일이고, (나)는 6세기 말인 598년 영양왕 때의 요서 공격에 대한 설명이다. ③ 6세기 전반에 집권했던 무령왕 때의 일로, 무령왕의 재위 기간은 501~523년이다.

오답분석 ① 4세기 근초고왕, ② 4세기 후반 침류왕, ④ 7세기 의자왕 때의 일이다.

03 발해 문왕　정답 ③

정답률(%)	문항별 선택 비율(%)			
	①	②	③	④
61	6	14	61	18

제시된 자료는 발해 문왕 때 일본과의 외교 관계에 대해 설명한 내용으로, (가)에 들어갈 왕은 발해 문왕이다. ③ 발해 문왕 때 당나라에서 안녹산과 사사명의 반란이 일어나 당나라의 국력이 크게 약화되었다. 발해 문왕은 이를 이용하여 요하까지 영토를 넓히고 북으로는 흑수말갈에까지 이르렀다.

오답분석 ① 발해 무왕 때의 일이다. 무왕 때 당나라는 당에 있던 무왕의 동생 대문예를 시켜 발해를 공격하게 했으나, 효과를 거두지 못하였다. ② 발해 성왕 때의 일이다. ④ 등제 서열 사건은 당나라 빈공과의 순위를 둘러싸고 신라와 발해의 경쟁 의식을 보여준 대표적인 사건이다. 10세기인 906년(신라 효공왕, 발해 대위해) 신라의 최언위가 발해 재상 오소도의 아들인 오광찬을 제치고 합격하자, 오소도는 당나라에 자기 아들의 순위를 최언위보다 올려 달라고 요구했다가 거절당하였다.

04 통일 신라의 사회 모습　정답 ③

정답률(%)	문항별 선택 비율(%)			
	①	②	③	④
85	4	0	85	10

제시된 자료는 통일 신라 귀족의 경제 기반에 대해 설명하고 있다. ③ 발해의 지배층에 대한 설명이다. 발해의 왕족인 대씨와 최고 귀족인 고씨 등은 고구려 계통이었으며, 일반 귀족 중에는 말갈 출신들도 있었다.

오답분석 ① 통일 신라의 일반 농민은 연수유전·답을 소유하고 경작하였다. ② 통일 신라는 백제와 고구려의 지배층에게 신라의 관등을 주는 등 삼국 통합을 위해 노력하였다. ④ 통일 신라 때 수도 거주민의 관등을 나타내는 경위와 지방민의 위계를 나타내는 외위의 구분을 철폐하여 모두 경위로 일원화하였다.

05 고려 무신 집권기의 정치 상황　정답 ②

정답률(%)	문항별 선택 비율(%)			
	①	②	③	④
78	3	78	11	7

제시된 자료는 무신 집권기에 천민 출신인 이의민이 세력을 점차 키워가는 과정을 설명한 것이다. ② 최충헌 집권기 때 경주에서 이비와 패좌가 신라 부흥을 표방하며 난을 일으켰다.

오답분석 ① 이의민이 아니라 최우에 대한 설명이다. 최우의 처가 죽자 고종이 명하여 관청 비용으로 장사를 지내도록 하였고, 장례 절차는 순덕왕후(예종의 왕비)의 예를 따르도록 하였다. ③ 최윤의가 왕명을 받아 『상정고금예문』을 편찬한 것은 고려 인종 때의 일이다. ④ 김보당에 대한 설명이다. 조위총은 서경 유수로, 그가 난을 일으켰을 때 이미 의종은 죽임을 당한 이후였다. 따라서 조위총은 의종 복위가 아니라 정중부 정권 타도를 봉기의 명분으로 내세웠다.

정답 및 해설

93

06 공민왕   정답 ③

정답률(%)	문항별 선택 비율(%)			
	①	②	③	④
83	1	12	83	3

제시된 자료는 공민왕 때 일어난 홍건적의 2차 침입에 대한 내용이다. ③ 공민왕 때 신진 사대부의 등용을 억제하고 있던 정방을 폐지하였다.

오답분석 ① 충선왕 때의 일이다. ② 창왕 때의 일이다. ④ 도병마사를 도평의사사로 개편한 것은 충렬왕 때의 일이다.

07 고려의 경제 상황   정답 ④

정답률(%)	문항별 선택 비율(%)			
	①	②	③	④
74	5	13	7	74

제시된 자료는 고려 시대에 제작·유통된 은병(활구)에 대해 설명하고 있다. ④ 송나라가 아니라 거란 등 북방 민족에 대한 설명이다. 고려 시대에 거란, 여진 등 북방 민족과의 교역을 위해 설치된 공식 무역장을 각장이라고 하였다.

오답분석 ① 고려 정부는 화폐를 제작하고 유통하는 것에 노력을 기울였으나, 자급자족적 경제 활동을 하던 농민들은 화폐의 필요성을 거의 느끼지 못하였다. 이에 일반 농민들은 대부분의 거래에서 곡식이나 삼베 등 현물 화폐를 주로 사용하였다. ② 고려는 개경에 시전을 설치하여 생활에 필요한 물품을 판매하게 하였으며, 경시서를 두어 상행위를 감독하도록 하였다. ③ 고려 시대의 농업 기술 발달에 대한 설명이다. 고려 시대에는 가축의 뒷거름과 인분을 사용하는 시비법이 발달하면서 휴경지가 점차 감소하고 계속 경작할 수 있는 토지가 증가하였다.

08 고려의 대장경   정답 ②

정답률(%)	문항별 선택 비율(%)			
	①	②	③	④
58	5	58	23	13

밑줄 친 (가)는 초조대장경을 일컫고, (나)는 재조대장경(팔만대장경)을 일컫는다. ② 재조대장경이 아니라 초조대장경에 대한 설명이다.

오답분석 ① 초조대장경에 대한 설명이다. ③ 초조대장경은 국내의 자료, 송과 요의 대장경 및 불서들을 광범위하게 수집하고 참조하여 만들어진 것이다. ④ 조선 시대에 일본으로 팔만대장경의 인쇄본이 전해져 일본에서 불교가 발전하는 데 크게 이바지하였다.

09 조선 시대의 통치 기구   정답 ①

정답률(%)	문항별 선택 비율(%)			
	①	②	③	④
68	68	17	9	5

㉠ 조선은 궁궐 안에 시강원을 두었는데, 이는 세자의 교육을 담당하는 관청이었다. ㉡ 의정부의 정승들은 예문관, 홍문관, 승문원, 춘추관, 관상감 등 주요 관청의 최고 책임자를 겸하였다.

오답분석 ㉢ 한림(翰林)은 승정원이 아니라 예문관에 소속된 7~9품의 하급 관원으로, 국왕의 좌우에서 행동과 말을 나누어 적는 역할을 담당하였다. ㉣ 차대(次對)가 아니라 상참(常參)에 대한 설명이다. 차대는 국왕이 매달 여섯 차례 의정부 정승들과 사헌부·사간원·홍문관의 고급 관원 등을 만나 정책 건의를 듣는 회의를 일컫는다.

10 향약   정답 ③

정답률(%)	문항별 선택 비율(%)			
	①	②	③	④
87	1	11	87	0

제시된 자료는 「해주 향약 입약 범례문」이다. ③ 양반뿐만 아니라 일반 민도 향약의 구성원으로 참여하였다. 그러나 향약의 조직과 운영을 주도한 것은 양반 계층이었다.

오답분석 ① 향교에 대한 설명이다. ② 수령을 보좌하고 향리를 규찰하며 향촌 사회의 풍속을 바로잡을 목적으로 설립된 기구는 유향소다. ④ 서원에 대한 설명이다.

11 숙종   정답 ①

정답률(%)	문항별 선택 비율(%)			
	①	②	③	④
96	96	2	0	1

숙종 때 안용복은 독도에 출몰하는 일본인들을 몰아내고 일본과 담판하여 이곳이 조선의 영토임을 인정받고 돌아왔다. ① 정조 때의 일이다.

오답분석 ② 금위영은 숙종 때 설치된 군영이다. ③ 경신환국은 숙종 때 일어난 사건이다. ④ 백두산 정계비는 숙종 때 건립되었다.

12 과전법   정답 ②

정답률(%)	문항별 선택 비율(%)			
	①	②	③	④
88	4	88	5	2

제시된 자료는 고려 말인 1391년에 제정·시행된 과전법과 관련된 내용이다. ② 과전법의 시행으로 18과로 나누어 경기 지방의 토지에 한하여 최고 150결에서 최하 10결까지의 전지를 차등 지급하였다.

오답분석 ① 세조 때 실시한 직전법에 대한 설명이다. ③ 구분전이 아니라 수신전이다. 구분전은 고려 시대의 토지 제도이다. ④ 성종 때부터 시행한 관수관급제에 대한 설명이다.

13 을미의병
정답 ④

정답률(%)	문항별 선택 비율(%)			
	①	②	③	④
90	0	4	5	90

제시된 자료는 단발령에 대한 것으로, 단발령과 을미사변에 반발하여 을미의병(1895)이 일어났다. ④ 아관 파천 이후 고종의 해산 권고 조칙이 내려지자 을미의병은 해산하였다.

오답분석 ①, ③ 을사의병, ② 정미의병에 대한 내용이다.

14 보빙사
정답 ③

정답률(%)	문항별 선택 비율(%)			
	①	②	③	④
74	4	8	74	13

제시된 자료는 1883년에 미국에 파견된 사절단인 보빙사의 구성원에 대해 설명하고 있다. ③ 보빙사 일행은 미국의 대통령을 만나고 박람회, 병원, 신문사, 육군 사관 학교 등을 시찰하고 돌아왔다.

15 대한매일신보
정답 ④

정답률(%)	문항별 선택 비율(%)			
	①	②	③	④
96	3	0	0	96

제시된 자료는 1904년 영국인 베델, 양기탁이 창간한 대한매일신보의 활동에 대해 설명하고 있다. ④ 대한매일신보는 영국인 베델을 발행인으로 내세워, 통감부의 통제에도 불구하고 민족 의식을 고취하는 기사를 많이 실을 수 있었다. 창간 초기에는 순한글로 발행되었으나 이후 순한글, 국한문, 영문 세 종류로 발행되었다.

오답분석 ① 황성신문, ② 한성순보, ③ 제국신문에 대한 설명이다.

16 3·1 운동
정답 ②

정답률(%)	문항별 선택 비율(%)			
	①	②	③	④
68	0	68	2	29

제시된 자료에서 '화성 제암리' 등의 내용을 통해 언급한 사건이 3·1 운동임을 알 수 있다. ② 3·1 운동 당시 국외의 한인 사회에서도 만세 시위가 일어났다. 미국의 필라델피아에서는 미주 지역 동포들이 모여 한인 자유대회를 열고 태극기를 흔들며 시가행진을 벌였다.

오답분석 ① 1929년 광주 학생 항일 운동에 대한 설명이다. ③ 1926년 6·10 만세 운동에 대한 설명이다. ④ 3·1 운동 당시, 시위가 폭력 사태로 번질 것을 우려한 민족 대표들은 예정되었던 탑골 공원 대신 태화관에 모여 독립 선언서를 낭독하고 만세 삼창한 뒤 일본 경찰에 자진 체포되었다.

17 1920년대 민족의 독립운동
정답 ③

정답률(%)	문항별 선택 비율(%)			
	①	②	③	④
90	0	7	90	2

ⓛ 1920년 10월 청산리 전투에 대한 설명이다. 독립군 부대들은 청산리 부근에서 일본군과의 일전을 계획하고, 전투에 유리한 백운평, 완루구, 어랑촌, 고동하 등지에서 일본군과 맞서 싸워 큰 전과를 올렸다. ⓒ 청산리 전투 직후, 독립군 부대들은 러시아와 만주의 국경 지대인 밀산으로 이동하여 집결하였다. 이곳에서 병력을 통합하여 서일을 총재로 하는 대한독립군단을 조직하였다. ⓔ 참의부가 조직된 것은 1923년의 일이다. ⓐ 1925년에 미쓰야 협정이 체결되었다.

18 신채호
정답 ②

정답률(%)	문항별 선택 비율(%)			
	①	②	③	④
97	0	97	1	1

제시된 자료는 신채호의 『조선사연구초』에 수록된 내용으로, 신채호는 여기서 묘청의 서경 천도 운동을 긍정적으로 평가하고 있다. ② 신채호는 『조선상고사』에서 역사를 '아(我)와 비아(非我)의 투쟁의 기록'이라고 표현하였다.

오답분석 ① 박은식, ③ 정인보, ④ 한용운에 대한 설명이다.

19 6·25 전쟁
정답 ②

정답률(%)	문항별 선택 비율(%)			
	①	②	③	④
89	3	89	1	6

ⓛ 1950년 1월의 일이다. ⓒ 1950년 9월 15일의 일이다. ⓔ 1950년 9월 인천 상륙 작전에 성공한 국군과 유엔군은 수도 서울을 수복하였고, 10월에는 평양까지 탈환하였다. ⓛ 1950년 10월 중국군의 개입으로 국군과 유엔군은 후퇴하였다. 이에 따라 1950년 12월에 군수송선과 모든 민간 선박까지 동원된 흥남 철수 작전을 통해 북한 주민을 포함한 약 10만 명의 피난민을 수송하였다. 국군과 유엔군의 후퇴로 1951년 1월 4일 서울은 다시 북한군의 수중에 넘어갔다(1·4 후퇴).

20 농지 개혁
정답 ①

정답률(%)	문항별 선택 비율(%)			
	①	②	③	④
94	94	1	3	1

제시된 자료는 1949년 6월에 제정·공포되고, 1950년 3월에 시행된 농지 개혁법이다. ① 농지 개혁법은 제헌 국회에서 만든 법률로, 이승만 정부 시기에 제정 및 시행되었다.

오답분석 ② 농지 개혁은 임야를 제외한 농지에 대해서만 실시한 개혁이다. ③, ④ 농지 개혁에서는 호당 3정보를 토지 소유의 상한선으로 정하고, 그 이상을 소유한 지주로부터 농지를 유상 매입하여 농민에게 유상 분배하였다.

정답 및 해설

10회차　문항분석표

구분	정치	경제	사회	문화
선사				
고대	1		2	3
중세	4, 5	6		7
근세	8	9		10
근대 태동기	11	12		13
근대 개항기	14, 15			
일제 강점기	16, 17			18
현대	19, 20			

평균 점수 : 74.6
상위 30% 점수 : 93.4

✔Answer

1	②	2	②	3	①	4	③	5	④
6	③	7	④	8	②	9	②	10	②
11	②	12	④	13	④	14	③	15	②
16	④	17	④	18	②	19	②	20	③

01　신라 하대의 정치 상황　정답 ②

정답률(%)	문항별 선택비율(%)			
	①	②	③	④
79	6	79	2	12

(가)는 헌덕왕 때 일어난 김헌창의 난(822)에 대한 내용이고, (나)는 효공왕 때 일어난 후백제의 건국(900)과 관련된 내용이다. ② 흥덕왕의 재위 기간은 826~836년으로, 흥덕왕은 당시 문란해진 기강을 바로잡고자 사치금지령을 내렸다.

오답분석 ① 후백제가 건국된 다음 해인 901년의 일이다. ③ 태종 무열왕 때의 일이다. ④ 혜공왕(765~780) 때에 대공의 난(767), 96각간의 난(768) 등 진골 귀족의 반란이 빈번하게 일어났다.

02　진골　정답 ②

정답률(%)	문항별 선택비율(%)			
	①	②	③	④
79	2	79	12	5

밑줄 친 '김춘추'는 진골 귀족 신분이다. ② 진골은 이벌찬, 이찬 등과 같은 고위 관등까지 승진할 수 있었다.

오답분석 ① 진골이 처음 받는 관등이 따로 정해지지는 않았다. ③ 백제의 귀족에 대한 설명이다. ④ 6두품에 대한 설명이다.

03　굴식 돌방무덤　정답 ①

정답률(%)	문항별 선택비율(%)			
	①	②	③	④
73	73	18	2	5

제시된 자료는 굴식 돌방무덤의 구조에 대해 설명하고 있다. ① 굴식 돌방무덤은 천장과 벽에 벽화를 그릴 수 있는 무덤 구조이다.

오답분석 ② 돌무지 덧널무덤에 대한 설명이다. ③ 무령왕릉 등과 같은 벽돌무덤에 대한 설명이다. ④ 고구려의 돌무지무덤에 대한 설명이다.

04　고려 태조　정답 ③

정답률(%)	문항별 선택비율(%)			
	①	②	③	④
62	3	7	62	26

제시된 자료는 고려 태조가 남긴 훈요 10조의 일부 내용이다. ③ 고려 태조는 평양을 서경으로 승격시켜 북진 정책의 전진 기지로 삼았으며, 이곳에 개경과 비슷한 규모의 관청을 설치하였다.

오답분석 ① 무태, 정개 등은 궁예가 사용한 연호들이다. ② 고려 성종 때 실시한 문무 산계제에 대한 설명이다. ④ 궁예가 실시한 정책에 대한 설명이다.

05　최우　정답 ④

정답률(%)	문항별 선택비율(%)			
	①	②	③	④
69	6	17	8	69

제시된 자료는 최우 집권기인 1237년에 일어난 이연년 형제의 난에 대한 내용이다. ④ 최우는 서방을 설치하여 문학과 행정 능력을 갖춘 문신들이 정책을 자문하도록 하였으며, 이들 중 일부를 관료로 추천하였다.

오답분석 ① 정중부·이의방 등에 대한 설명이다. ② 최충헌에 대한 설명이다. ③ 이의민에 대한 설명이다.

06　개정 전시과　정답 ③

정답률(%)	문항별 선택비율(%)			
	①	②	③	④
50	23	2	50	23

제시된 자료는 목종 때 제정된 개정 전시과의 내용이다. ③ 개정 전시과에서는 인품이라는 막연한 요소를 배제하고, 오직 관품만 고려하여 18과로 나누어 토지를 나누어 주었다.

오답분석 ① 문종 때의 경정 전시과에 대한 설명이다. ② 녹과전에 대한 설명이다. ④ 경종 때의 시정 전시과에 대한 설명이다.

07 지눌　　　　　　　　　　　정답 ④

정답률(%)	문항별 선택비율(%)			
	①	②	③	④
73	6	19	1	73

제시된 자료의 밑줄 친 '그'는 무신 집권기에 활동한 승려인 지눌이다. ④ 지눌은 내가 곧 부처라는 깨달음을 위한 노력과 함께, 꾸준한 수행으로 깨달음의 확인을 아울러 강조한 돈오점수를 주장하였다.

오답분석 ① 의천, ② 요세, ③ 혜심에 대한 설명이다.

08 무오사화　　　　　　　　　　정답 ②

정답률(%)	문항별 선택비율(%)			
	①	②	③	④
96	0	96	0	2

제시된 자료는 무오사화와 관련된 「조의제문」의 내용이다. 『성종실록』의 편찬을 위해 김일손이 스승 김종직이 지은 「조의제문」을 사초로 제출하였다. 「조의제문」은 중국 초나라 항우에게 죽은 의제를 애도한다는 내용이지만 단종을 폐위한 세조를 항우에 빗대었다고 하여 무오사화의 시발점이 되었다. ② 훈구 세력은 김종직의 「조의제문」이 세조의 즉위를 비난했다고 문제 삼아 사림들을 축출하였다.

오답분석 ① 중종 때의 기묘사화에 대한 설명이다. ③ 명종 때의 을사사화에 대한 설명이다. ④ 연산군 때의 갑자사화와 관련된 내용이다.

09 공법과 영정법　　　　　　　　정답 ②

정답률(%)	문항별 선택비율(%)			
	①	②	③	④
85	2	85	7	3

제시된 자료의 (가)는 조선 전기에 제정된 공법 중 전분 6등법의 내용이고, (나)는 조선 후기의 영정법과 관련된 내용이다. ② 대동법에 대한 설명이다. 대동법 체제하에서는 토지 결수를 기준으로 1결당 쌀 12두를 납부하도록 하였다.

오답분석 ① 전분 6등법은 토지의 비옥도에 따라 전국의 논밭을 여섯 등급으로 나눈 것이다. 1등전의 1결과 6등전의 1결의 생산량은 같았는데 토지를 측량할 때 토지의 등급에 따라 길이가 다른 자를 사용하여 기본 수세 단위인 결의 실제 면적을 토지 등급마다 다르게 하였기 때문이다(수등이척법). ③, ④ 영정법에 대한 설명이다.

10 조선 시대의 지도 편찬　　　　정답 ②

정답률(%)	문항별 선택비율(%)			
	①	②	③	④
62	0	62	7	30

ⓒ 16세기에 만들어진 조선방역지도에 대한 설명이다. ② 김정호가 만든 대동여지도는 전국을 22개의 첩으로 구성하였는데, 각 첩은 접어서 쓸 수 있게 하여 휴대하기 편리하였다.

오답분석 ③ 세조 때 양성지와 정척이 만든 지도는 동국지도이다. ⓒ 대동여지도에 대한 설명이다.

11 순조　　　　　　　　　　　　정답 ②

정답률(%)	문항별 선택비율(%)			
	①	②	③	④
80	2	80	12	4

제시된 자료는 순조 때 일어난 홍경래의 난과 관련된 내용이다. ② 순조 때 중앙 관청에 속했던 내사노비(공노비) 6만 6천여 명을 양인으로 해방시켰다.

오답분석 ①, ③ 철종 때의 일이다. ④ 『양역실총』은 영조 때 편찬된 것으로, 각 읍에 배정된 양역의 종류와 양인의 수를 전국적으로 조사·정리했기 때문에 균역법 시행의 중요한 자료가 되었다.

12 조선 후기의 경제 상황　　　　정답 ④

정답률(%)	문항별 선택비율(%)			
	①	②	③	④
73	3	17	6	73

ⓒ 효종 때인 1651년의 일이다. ㉠ 숙종 때인 1678년의 일이다. ⓛ 정조 때인 1791년의 일이다. ② 순조 때의 일이다.

13 홍대용　　　　　　　　　　　정답 ④

정답률(%)	문항별 선택비율(%)			
	①	②	③	④
70	17	2	9	70

제시된 자료에서 설명하고 있는 인물은 홍대용이다. ④ 홍대용의 세계관에 대한 설명이다. 홍대용은 지구가 둥글다는 것을 인정하고, 지전설을 주장하였다. 또한 중국이 세계의 중심이라는 생각을 비판하였다.

오답분석 ① 유형원, ② 이익, ③ 유수원에 대한 설명이다.

14 동학 농민 운동　　　　　　　　정답 ③

정답률(%)	문항별 선택비율(%)			
	①	②	③	④
88	0	70	88	2

② 1894년 1월에 일어난 고부 민란에 대한 설명이다. ⓒ 1894년 3월의 무장·백산 봉기 때의 일이다. ㉠ 1894년 4월의 일이다. ⓛ 1894년 11월의 일이다.

정답
및
해설

15 신민회   ②

정답률(%)	문항별 선택비율(%)			
	①	②	③	④
74	4	74	2	18

제시된 자료는 1911년 105인 사건에 대한 내용으로, 이 사건을 계기로 신민회의 국내 조직은 해산되었다. ② 신민회는 태극 서관과 자기 회사 등을 설립하여 민족 산업을 육성하려 하였다.

오답분석 ① 헌정 연구회에 대한 설명이다. ③ 이동휘는 고종의 강제 퇴위에 저항하여 강화도 연무당에서 대한 자강회 총회를 개최하였다. ④ 대한협회에 대한 설명이다.

16 6·10 만세 운동   정답 ④

정답률(%)	문항별 선택비율(%)			
	①	②	③	④
67	22	5	4	67

제시된 자료는 6·10 만세 운동의 격문들이다. ④ 6·10 만세 운동은 준비 과정에서 조선 공산당 등 사회주의 세력과 천도교 등 민족주의 세력이 연대함으로써 민족 유일당을 결성할 수 있는 공감대를 형성하였다.

오답분석 ① 광주 학생 항일 운동에 대한 설명이다. ② 3·1 운동에 대한 설명이다. ③ 1920년대에 전개된 자치 운동에 대한 설명이다.

17 산미 증식 계획 시기의 정치 상황   정답 ④

정답률(%)	문항별 선택비율(%)			
	①	②	③	④
76	5	7	11	76

제시된 자료의 ㉠은 산미 증식 계획으로, 1920년부터 1934년까지 추진되었다. ④ 일제는 1915년에 조선 광업령을 제정하여 광업권에 대한 허가제를 실시하였다. 이에 따라 일본 자본이 한국에 침투하여 금, 은, 철, 석탄 등 경제성 있는 광산들을 독점하였다.

오답분석 ① 1921년의 일이다. ② 일제는 1928년 신은행령을 발표하고 한국인 소유의 은행을 합병하였다. ③ 1925년의 일이다.

18 박은식   정답 ②

정답률(%)	문항별 선택비율(%)			
	①	②	③	④
79	11	79	7	1

제시된 자료는 박은식이 저술한 『한국통사』의 내용이다. ② 박은식은 국가의 구성 요소를 국혼(정신 문화)과 국백(물질 문화)으로 보았다. 또한, '혼'이 멸하지 않는 한 '백'도 망하지 않는다고 보면서, 국혼을 중시하였다.

오답분석 ① 신채호에 대한 설명이다. ③ 정인보에 대한 설명이다. ④ 신채호의 저술들에 대한 설명이다.

19 여운형   정답 ②

정답률(%)	문항별 선택비율(%)			
	①	②	③	④
65	7	65	14	12

제시된 자료의 (가)에 들어갈 인물은 여운형이다. 여운형은 조선 총독부의 정무총감인 엔도를 만나 일본인의 무사 귀환을 보장하는 대신 일본으로부터 치안권과 행정권을 받아 냈다. ② 안재홍에 대한 설명이다.

오답분석 ① 여운형은 1945년 9월에 조선인민공화국을 선포하여 스스로 부주석에 취임하고 주석에는 이승만을 추대하였다. ③ 1944년 여운형 등의 민족 지도자들이 일제의 패망과 광복에 대비하여 비밀 결사인 조선 건국 동맹을 결성하였다. ④ 여운형은 대한민국 임시 정부의 수립에 참여하여 임시 의정원 의원, 임시 정부 외무부 차장 등을 역임하였다.

20 휴전 회담   정답 ③

정답률(%)	문항별 선택비율(%)			
	①	②	③	④
91	0	2	91	5

제시된 자료는 1953년 7월 27일에 체결된 휴전 협정의 내용으로, 이와 관련된 것은 휴전 회담(1951~1953)이다. ③ 이승만 대통령은 휴전 협상에 대해 반대하는 의미에서 1953년 6월 반공 성향이 있는 인민군 포로를 석방하였다.

오답분석 ① 중공군의 개입은 1950년 10월의 일이고, 휴전 회담은 1951년 7월부터 시작되었다. ② 모스크바 3국 외상 회의에 대한 설명이다. ④ 휴전 회담 당시, 유엔군 측은 전쟁 포로를 자유 송환할 것을 주장하고, 공산군 측은 제네바 협정에 따라 포로를 자동 송환(강제 송환)할 것을 주장하였다.

정답 및 해설

11회차 문항분석표

구분	정치	경제	사회	문화
선사	1			
고대	2, 3			4
중세	5, 6	7		
근세	8			9
근대 태동기	10		11	12
근대 개항기	13, 14, 15			
일제 강점기	16, 18	17		
현대	19, 20			

평균 점수 : 78.8
상위 30% 점수 : 94.8

✅Answer

1	②	2	④	3	④	4	④	5	④
6	②	7	④	8	①	9	④	10	②
11	②	12	①	13	②	14	②	15	③
16	④	17	③	18	①	19	①	20	②

01 신석기 시대
정답 ②

정답률(%)	문항별 선택 비율(%)			
	①	②	③	④
95	1	95	0	2

제시된 자료는 신석기 시대의 유적지에 대해 설명하고 있다. ② 신석기 사람들은 굴·홍합 등 많은 조개류를 먹었는데, 때로는 깊은 곳에 사는 조개류를 잡아서 장식으로 이용하기도 하였다.

오답분석 ① 청동기 시대의 농경 생활에 대한 설명이다. ③ 미송리식 토기는 청동기 시대의 대표적인 토기이다. ④ 구석기 전기의 일이다.

02 진흥왕
정답 ④

정답률(%)	문항별 선택 비율(%)			
	①	②	③	④
94	3	0	1	94

제시된 자료는 진흥왕 때의 영토 확장과 관련된 내용으로, 밑줄 친 '왕'은 신라 진흥왕을 일컫는다. ④ 진흥왕의 업적에 대한 설명이다.

오답분석 ① 눌지 마립간 때의 일이다. ② 법흥왕은 골품 제도를 정비하고, 불교를 공인하여 새롭게 성장하는 세력들을 포섭하고자 하였다. ③ 지증왕 때의 일이다.

03 삼국 통일
정답 ④

정답률(%)	문항별 선택 비율(%)			
	①	②	③	④
88	1	0	10	88

ⓒ 신라와 당나라가 나·당 동맹을 결성한 것은 진덕여왕 때인 648년의 일이다. ② 무열왕 때인 660년 백제의 멸망에 대한 설명이다. ⊙ 신라 문무왕이 왕으로 즉위한 것은 백제 멸망 이후인 661년의 일이다. ○ 663년 의 일이다.

04 원광
정답 ④

정답률(%)	문항별 선택 비율(%)			
	①	②	③	④
95	0	1	2	95

제시된 자료의 밑줄 친 '그'는 걸사표를 지어 수나라 황제에게 보낸 원광을 일컫는다. ④ 원광은 세속 5계를 지어 화랑도가 지켜야 할 행동 규범을 제시하였다.

오답분석 ① 원효, ② 자장, ③ 신라 하대에 활동한 도선과 같은 선종 승려들에 대한 설명이다.

05 궁예
정답 ④

정답률(%)	문항별 선택 비율(%)			
	①	②	③	④
89	5	4	0	89

제시된 자료는 후삼국 시대 궁예의 행적에 대해 설명하고 있다. ④ 후백제의 견훤은 신라의 금성(경주)을 습격하여 경애왕을 죽이고 경순왕을 즉위시켰다.

오답분석 ① 궁예는 송악에 도읍을 정하고 후고구려를 세웠으나, 이후 철원으로 수도를 옮겼다. ② 궁예는 904년에 국호를 마진으로 바꾸면서 무태, 성책이라는 연호를 사용하였다. 이후 911년 다시 국호를 태봉으로 바꾸면서 수덕만세, 정개 등의 연호를 사용하였다. ③ 궁예는 미륵 신앙을 이용하여 전제 정치를 도모하였는데, 이에 따라 백성과 신하들의 신망을 잃어 신하들에 의하여 축출되었다.

06 고려의 중앙 정치 제도
정답 ②

정답률(%)	문항별 선택 비율(%)			
	①	②	③	④
94	2	94	2	0

② 도병마사와 식목도감은 고려의 독자적인 제도로, 중서문하성의 재신과 중추원의 추밀이 합좌하여 국정을 논의하였다.

오답분석 ① 한림원에 대한 설명이다. ③ 중서문하성은 최고 관서로서 2품 이상의 재신과 3품 이하의 낭사(간관)로 구성되었다. ④ 6부는 상서성에 소속되어 실제 정무를 분담했으며, 각 부의 장관은 정3품의 상서이다.

07 고려의 경제　　　　　　　정답 ④

정답률(%)	문항별 선택 비율(%)			
	①	②	③	④
56	25	11	7	56

제시된 자료는 고려의 특수 행정 구역인 소에서 공물을 납부하는 것과 관련된 내용이다. ④ 거란·여진 등에 대한 설명이다. 일본은 11세기 후반부터 고려를 내왕하면서 수은, 황 등을 가지고 와서 식량, 인삼, 서적 등과 바꾸어 갔다.

오답분석 ① 고려 후기에 들어와 우경에 의한 심경법이 확대되었다. ② 고려 후기에 권세가들은 사패전을 이용해 토지를 확대하였다. ③ 고려 성종 때 최초의 철전인 건원중보를 만들었으나, 유통에는 실패하였다.

08 세종　　　　　　　정답 ①

정답률(%)	문항별 선택 비율(%)			
	①	②	③	④
62	62	12	11	14

제시된 자료는 세종 때 실시된 의정부 서사제와 관련된 내용이다. ① 세종은 빈민 구제를 목적으로 의창제를 실시하였다.

오답분석 ② 세조의 업적에 대한 설명이다. ③ 문종 때의 일이다. ④ 성종 때의 일이다.

09 이황　　　　　　　정답 ④

정답률(%)	문항별 선택 비율(%)			
	①	②	③	④
86	5	2	6	86

제시된 자료는 명종 때 풍기 군수로 부임한 이황이 백운동 서원에 사액을 요청한 것에 대한 내용이다. ④ 이황에 대한 설명이다.

오답분석 ① 이언적에 대한 설명이다. ② 조식에 대한 설명이다. ③ 이이의 학설은 성혼, 송익필, 김장생, 김집, 송시열 등 기호 지방의 학자들에게 큰 영향을 주었으며 이들은 서인을 형성하였다.

10 비변사　　　　　　　정답 ②

정답률(%)	문항별 선택 비율(%)			
	①	②	③	④
75	14	75	7	2

제시된 자료는 비변사에 대해 설명하고 있다. ② 비변사는 16세기 초 상설 기구가 아니라 임시 회의 기구로 설치되었다. 이후 16세기 중엽 명종 때 을묘왜변을 계기로 비변사가 상설 기구로 운영되기 시작하였다.

오답분석 ① 비변사는 비국 또는 주사라고 불리며, 창덕궁 앞에 청사를 두었다. ③ 비변사는 전·현직 정승, 5조 판서와 참판(공조 제외), 각 군영 대장, 대제학, 4유수(강화, 개성, 광주, 수원)의 유수관, 그 밖의 당상관 이상 문무 고관 등 주요 관직자가 참여하는 합좌 기관이다. ④ 비변사에 대한 설명이다.

11 조선 후기의 사회 모습　　　　　　　정답 ②

정답률(%)	문항별 선택 비율(%)			
	①	②	③	④
92	0	92	0	6

제시된 자료는 조선 후기, 예언 사상·도참설의 유행 등 사회 변혁의 움직임에 대해 설명하고 있다. ② 고려~조선 전기의 사회 모습에 대한 설명이다.

오답분석 ① 조선 후기의 사회 모습에 대한 설명이다. ③ 조선 후기의 농촌에서는 계와 두레가 성행하였다. 계는 특히 경제적 어려움을 공동으로 타개하기 위한 조직으로서, 군포계·제언계·농구계 등이 있었다. ④ 조선 후기 양반의 몰락에 대해 설명하고 있다.

12 조선 후기의 문화　　　　　　　정답 ①

정답률(%)	문항별 선택 비율(%)			
	①	②	③	④
62	62	9	24	4

㉠ 청화 백자는 흰 바탕에 푸른 색깔로 그림을 그려 넣은 것으로, 조선 후기에 더욱 많이 만들어졌다. ㉢ 조선 후기의 문학에 대한 설명이다.

오답분석 ㉡ 추사체를 창안한 인물은 이광사가 아니라 김정희다. 이광사는 우리의 정서와 개성을 추구하는 단아한 글씨의 동국진체를 완성하였다. ㉣ 18세기에 유행한 진경산수화는 중국의 화풍을 배격한 것이 아니라 중국의 남종·북종 화법을 고루 수용하여 우리의 고유한 자연과 풍속에 맞춘 새로운 화법이다.

13 갑신정변　　　　　　　정답 ②

정답률(%)	문항별 선택 비율(%)			
	①	②	③	④
93	2	93	3	0

제시된 자료는 갑신정변 때 발표된 14개조 개혁 정강의 내용이다. ② 일본 공사가 김옥균·박영효 등 급진 개화파에게 군사적 지원을 약속하자, 이들은 정변을 일으키기로 결정하였다. 이에 따라 1884년 갑신정변이 일어났다.

오답분석 ① 임오군란 때의 일이다. ③ 조사 시찰단은 갑신정변 발발 이전인 1881년에 일본에 파견된 사절단이다. ④ 임오군란과 관련된 내용이다.

14 근대의 정치 상황　　　　　　　정답 ②

정답률(%)	문항별 선택 비율(%)			
	①	②	③	④
61	10	61	6	22

㉡ 한·일 의정서 체결 이후인 1904년 5월의 일이다. ㉢ 이토 히로부미가 초대 통감으로 부임한 것은 1906년의 일이다. ㉣ 일본은 1907년 7월 고종을 강제 퇴위시키고, 순종을 왕위로 올렸다. 이후 한·일 신협약을 체결하였다. ㉠ 1907년 한·일 신협약이 체결된 직후의 일이다.

15 2차 갑오개혁　　　　　　　　정답 ③

정답률(%)	문항별 선택 비율(%)			
	①	②	③	④
88	6	1	88	4

제시된 자료는 2차 갑오개혁의 실시 과정을 설명한 것으로, 온건 개화파와 급진 개화파의 연립 내각인 김홍집·박영효 내각은 밑줄 친 '개혁'인 2차 갑오개혁을 추진하였다. ③ 을미개혁 때의 일이다.

오답분석 ①, ② 2차 갑오개혁 때의 일이다. ④ 2차 갑오개혁 때 지방 8도는 23부로 개편했으며, 사법권을 행정권으로부터 분리하여 지방관의 권한을 행정권에 한하도록 축소하였다.

16 연해주 지역의 독립운동　　　　정답 ④

정답률(%)	문항별 선택 비율(%)			
	①	②	③	④
80	7	4	8	80

제시된 자료의 밑줄 친 '이곳'은 연해주를 일컫는다. ④ 이상설, 홍범도, 유인석 등은 연해주에서 권업회를 조직하였다.

오답분석 ① 남만주 지역, ②, ③ 북간도 지역에서 전개된 독립운동에 대한 설명이다.

17 물산 장려 운동　　　　　　　　정답 ③

정답률(%)	문항별 선택 비율(%)			
	①	②	③	④
90	3	2	90	3

제시된 자료는 1920년대에 전개된 물산 장려 운동과 관련된 내용이다. ③ 물산 장려 운동은 평양에서 조만식을 중심으로 시작되어 전국으로 확산되었다.

오답분석 ① 회사령은 1920년에 폐지된 법령으로, 물산 장려 운동의 전개와는 관련이 없다. ② 민립 대학 설립 운동의 구호에 대한 설명이다. ④ 국채 보상 운동에 대한 설명이다.

18 한국광복군　　　　　　　　　　정답 ①

정답률(%)	문항별 선택 비율(%)			
	①	②	③	④
89	89	3	0	6

제시된 자료는 한국광복군의 활동에 대해 설명하고 있다. ① 대한민국 임시 정부는 중국 국민당 정부의 지원을 받아 1940년 충칭에서 광복군을 창립하고, 총사령관에 지청천을 임명하였다.

오답분석 ② 한국 독립군에 대한 설명이다. ③ 1937년 동북 항일 연군 소속의 조선인 유격대들이 압록강을 건너 함경남도 보천보에 있는 일제의 행정 관청 등을 습격하였다. ④ 조선 의용군에 대한 설명이다.

19 정부 수립 과정　　　　　　　　정답 ①

정답률(%)	문항별 선택 비율(%)			
	①	②	③	④
31	31	11	31	25

ⓒ 1944년의 일이다. ⓔ 포츠담 회담은 1945년 7월의 일이다. ⓐ 1945년 9월 일본 도쿄에 있던 미국 태평양 방면 육군 총사령관 맥아더는 포고령 1호를 발표하여 북위 38도선 이남에서 군정을 실시하겠다고 밝혔다. ⓓ 미군정은 임시 정부의 인사들이 대한민국 임시 정부의 요인 자격으로 환국하는 것을 인정하지 않았다. 대신 임시 정부 요인들에게는 오로지 개인 자격으로 입국하는 것만을 허용했다. 이에 1945년 11월 김구·김규식·이시영 등이 개인 자격으로 귀국하였다.

20 1970년대 정치 상황　　　　　　정답 ②

정답률(%)	문항별 선택 비율(%)			
	①	②	③	④
57	10	57	25	6

제시된 자료는 1972년에 제정된 유신 헌법의 내용이다. ② 1974년에 설치된 민주 회복 국민 회의는 유신 체제 반대를 위해 발족한 범민주 진영의 연대 기구로, 민주화 운동을 위한 새로운 구심점이 되었다.

오답분석 ① 1964년에 전개된 6·3 시위에 대한 설명이다. ③ 1971년의 일이다. 광주 대단지의 시민들은 대지 가격 인하 및 분할 상환, 구호 대책 마련 등을 요구하며 대규모 시위를 전개하였다. ④ 1969년 3선 개헌안의 통과 과정에 대한 설명이다.

정답
및
해설

12회차 **문항분석표**

구분	정치	경제	사회	문화
선사	1			
고대	2	3		4
중세	5, 6	9		7
근세	8		16	
근대 태동기	10			11
근대 개항기	12, 13, 14			18
일제 강점기	15, 17			
현대	19, 20			

평균 점수 : 80.1
상위 30% 점수 : 94.6

◉Answer)

1	③	2	③	3	②	4	①	5	④
6	④	7	④	8	④	9	①	10	④
11	②	12	③	13	④	14	②	15	③
16	②	17	③	18	②	19	④	20	③

01 부여   정답 ③

정답률(%)	문항별 선택비율(%)			
	①	②	③	④
97	0	1	97	2

제시된 자료는 부여 사람들의 의생활과 관련된 내용이다. ③ 부여에는 우제점복이라는 풍습이 있어 전쟁이 일어났을 때 소를 죽여 그 굽으로 점을 치기도 하였다.

오답분석 ①, ② 동예에 대한 설명이다. ④ 고구려에 대한 설명이다.

02 광개토대왕   정답 ③

정답률(%)	문항별 선택비율(%)			
	①	②	③	④
85	2	11	85	1

제시된 자료는 내물 마립간 시기인 392년의 일로, 이 시기에 고구려의 국왕은 광개토대왕이다. ③ 광개토대왕 때인 396년 백제에 대한 대규모의 공격을 감행하여 백제의 58개 성과 700여 촌을 점령하였다. 이에 백제 아신왕의 항복을 받아내기도 하였다.

오답분석 ① 고국원왕 때의 일이다. ② 4세기 미천왕은 남쪽으로 진출하여 평양의 낙랑국을 차지하였다. 이에 따라 한반도로 진출하는 교두보를 확보할 수 있었다. ④ 동천왕 때의 일이다.

03 통일 신라의 경제   정답 ②

정답률(%)	문항별 선택비율(%)			
	①	②	③	④
43	37	43	8	13

② 발해에 대한 설명이다. 발해에서는 삼채 도자기가 유명하였다.

오답분석 ① 통일 신라에서는 공장부에서 전국의 수공업을 관장하였다. ③ 통일 신라는 왕궁, 성, 저수지 등을 만드는 데에 노동력이 필요하면 국가에서 16~60세의 남자를 동원하였다. ④ 통일 신라의 민정문서에 따르면 호구는 인정의 다소에 따라 9등급으로 나누었다.

04 고대 문화의 일본 전파   정답 ①

정답률(%)	문항별 선택비율(%)			
	①	②	③	④
85	85	5	2	8

㉠ 가야의 토기는 일본의 스에키 토기에 영향을 주었다. ㉢ 7세기 초에 고구려의 담징은 일본에 종이와 먹의 제조 방법을 전하였고, 호류사의 금당 벽화를 그렸다고 전해지고 있다.

오답분석 ㉡ 고구려의 승려인 혜자는 일본으로 건너가 쇼토쿠 태자의 스승이 되었다. ㉣ 신라는 배 만드는 기술과 제방 쌓는 기술을 전해 주어 '한인의 연못'이라는 이름까지 생기게 되었다.

05 후삼국 시대   정답 ④

정답률(%)	문항별 선택비율(%)			
	①	②	③	④
98	0	0	2	98

㉣ 적고적의 난이 일어난 것은 신라 하대인 진성여왕 때의 일이다. ㉢ 궁예가 후고구려를 세운 것은 신라 하대인 효공왕 때의 일이다. ㉡ 927년의 일이다. ㉠ 935년의 일이다.

06 충렬왕   정답 ④

정답률(%)	문항별 선택비율(%)			
	①	②	③	④
82	13	3	2	82

제시된 자료의 내용과 관련된 국왕은 충렬왕이다. ④ 충렬왕 때 도병마사를 도평의사사로 개편하여 국가 중대사를 회의하고 결정하는 합좌기관으로 만들었다.

오답분석 ① 충선왕은 사원과 권문세족이 소금을 독점하여 폭리를 취하는 것을 막기 위하여 각염법을 제정하여 소금의 전매를 단행하였다. ② 충선왕은 아들인 충숙왕을 즉위시킨 뒤, 원으로 돌아가 연경에 만권당을 설립하여 중국의 학자들을 초대하고, 고려 학자들을 불러 교류하게 하였다. ③ 충숙왕 때의 일이다.

07 『동명왕편』 정답 ④

정답률(%)	문항별 선택비율(%)			
	①	②	③	④
91	6	3	0	91

제시된 자료는 무신 집권기에 이규보가 지은 『동명왕편』이다. ④ 이규보는 고구려 건국 영웅 동명왕의 업적을 칭송한 일종의 영웅 서사시인 『동명왕편』을 저술하였다. 이는 고구려 계승 의식을 반영한 것으로, 고구려의 전통을 노래하였다.

오답분석 ① 『삼국유사』에는 민간 설화와 신라의 향가 14수가 수록되어 있다. ② 이승휴가 편찬한 『제왕운기』에 대한 설명이다. ③ 『삼국사기』에 대한 설명이다.

08 조선의 지방 제도 정답 ④

정답률(%)	문항별 선택비율(%)			
	①	②	③	④
63	7	21	9	63

④ 조선 시대의 향리는 중앙의 6조를 본따 6방으로 나누어 지방 행정 실무를 담당하도록 하였다.

오답분석 ① 조선은 4군 6진의 설치 이후, 사민 정책을 실시하면서 지역민 회유책으로 토착민을 관리로 임명하는 토관 제도를 실시하였다. 따라서 사족 세력의 견제와 토관 제도 실시는 서로 관련이 없다. ② 조선 시대에는 서울에 경재소를 두어 유향소를 중앙에서 통제할 수 있게 하였다. ③ 조선 시대에는 오가작통법을 채택하여, 다섯 집을 1통으로 편제하여 지방을 효과적으로 관리하였다.

09 고려 시대의 경제 정답 ①

정답률(%)	문항별 선택비율(%)			
	①	②	③	④
61	61	3	14	22

㉠ 고려 후기에 들어와 논농사는 남부 일부 지역에서 모내기를 실시하였다. ㉡ 고려 시대, 개경 등 대도시에는 서적점·능라점·염점 등 관영 상점을 두어 관청 소속 수공업자가 제작한 물품을 팔았다.

오답분석 ㉢ 조선 전기에는 명주, 종이, 어물, 모시, 삼베, 무명을 파는 점포인 육의전이 번성하였다. ㉣ 『농가집성』이 아니라 『농상집요』에 대한 설명이다.

10 철종 정답 ④

정답률(%)	문항별 선택비율(%)			
	①	②	③	④
63	7	17	13	63

제시된 자료는 철종 때 삼정이정청 설치와 관련된 내용이다. ④ 철종 때의 신해허통에 대한 설명이다. 철종 때 서얼들이 집단적으로 통청을 요구하는 상소를 올리자, 서얼들이 모든 벼슬을 차별 없이 받을 수 있도록 조치하였다.

오답분석 ①, ③ 순조 때의 역사적 사실이다. ② 헌종 때의 일로, 기해박해가 일어나 프랑스 신부 3명과 수십 명의 천주교 신도를 처형하고 헌종은 『척사윤음』을 발표하였다.

11 이익 정답 ②

정답률(%)	문항별 선택비율(%)			
	①	②	③	④
90	1	90	6	3

제시된 자료는 이익의 6좀에 대한 내용으로, 나라를 좀먹는 여섯 가지 악폐로 노비 제도, 과거 제도, 양반 문벌, 기교, 승려, 게으름을 들었다. ② 이익은 한전론을 주장하였으며, 『성호사설』, 『곽우록』 등을 저술하고 유형원의 실학사상을 계승·발전시켜 안정복, 이긍익, 이중환, 정약용 등 제자를 길러 성호학파를 형성하였다.

오답분석 ① 정약용, ③ 유형원, ④ 유수원에 대한 내용이다.

12 갑신정변 정답 ③

정답률(%)	문항별 선택비율(%)			
	①	②	③	④
78	2	6	78	14

제시된 자료의 (가)에 들어갈 역사적 사건은 1884년에 일어난 갑신정변이다. ③ 임오군란의 결과에 대한 설명이다.

오답분석 ① 갑신정변에 대한 설명이다. ② 갑신정변 때 발표된 14개조 개혁 정강의 내용이다. ④ 갑신정변 진압 이후, 청나라의 권유로 일본과 한성 조약을 체결하였다.

13 동학 농민 운동 정답 ④

정답률(%)	문항별 선택비율(%)			
	①	②	③	④
99	0	1	0	99

㉣ 고부민란에 대한 설명으로, 1894년 1월의 일이다. ㉡ 1894년 4월의 일이다. ㉢ 정부와 동학 농민군이 전주 화약을 체결한 것은 1894년 5월의 일이다. ㉠ 1984년 11월의 일이다.

정답 및 해설

14 1차 갑오개혁 　　　　　　　정답 ②

정답률(%)	문항별 선택비율(%)			
	①	②	③	④
82	15	82	1	2

제시된 자료에서 '본처'는 군국기무처이다. 정부는 제1차 갑오개혁을 수행하기 위해 초정부적 기관인 군국기무처를 설치하였다. 군국기무처는 제2차 갑오개혁이 시작될 때 폐지되었다. ② 제1차 갑오개혁의 경제적 개혁이다.

오답분석 ①, ③ 제2차 갑오개혁이다. ④ 을미개혁이다.

15 1920년대의 역사적 사실 　　　　　　정답 ③

정답률(%)	문항별 선택비율(%)			
	①	②	③	④
84	7	6	84	3

제시된 자료는 1923년에 조직된 조선형평사의 발기문이다. ③ 일제는 만주 지역의 독립 운동을 탄압하기 위해 1925년 만주 군벌 장쭤린과 미쓰야 협정을 체결하였다.

오답분석 ① 1914년의 일이다. ② 1921년의 일이다. ④ 1920년에 일어난 훈춘 사건에 대한 설명이다.

16 향약 　　　　　　　정답 ②

정답률(%)	문항별 선택비율(%)			
	①	②	③	④
95	0	95	1	3

제시된 자료는 「해주 향약 입약 범례문」의 내용이다. ② 향약은 향촌 사회의 공동 조직에 유교적 이념을 결합시킨 자치 조직으로 일반 백성에게 성리학적 윤리를 확산시키는 데 크게 기여하였다.

오답분석 ① 향교에 대한 설명이다. ③ 사액 서원에 대한 설명이다. ④ 향도에 대한 설명이다.

17 토지 조사 사업 　　　　　　정답 ③

정답률(%)	문항별 선택비율(%)			
	①	②	③	④
78	3	0	78	18

제시된 자료는 1910년대에 실시한 토지 조사 사업의 토지 신고 절차를 고지한 내용이다. ③ 토지 조사 사업의 결과 조선 총독부는 미신고 토지, 왕실과 국가의 토지였던 궁방전과 역둔토 등을 모두 차지하여 최대 지주가 되었다. 또 과세지 면적이 크게 늘어나 재정 수입이 증가하였다.

오답분석 ① 일제는 토지 조사 사업에서 임야를 함께 조사하지 않았다. ② 토지 조사 사업으로 토지에 대한 지주의 권리만 일방적으로 인정하고 농민이 오랫동안 누려 왔던 관습적인 경작권을 부정하였다. ④ 일제는 1910년 토지 조사국을 설치한 뒤, 1912년에 토지 조사령을 공포하였다.

18 근대의 사회·문화 　　　　　　정답 ②

정답률(%)	문항별 선택비율(%)			
	①	②	③	④
69	16	69	10	18

㉠ 1885년의 일이다. ㉣ 독립문이 건립된 것은 1897년의 일이다. ㉢ 대한매일신보는 1904년에 창간되었다. ㉡ 1910년의 일이다.

19 정부 수립 과정 　　　　　　정답 ④

정답률(%)	문항별 선택비율(%)			
	①	②	③	④
97	1	1	1	97

④ 해당 선지는 이승만·한민당이 주장한 내용이다. 유엔 소총회의 결의안이 발표되자, 김구는 단독 정부 수립을 반대하며 남북 지도자의 협상에 의한 총선거를 주장하였다.

오답분석 ① 1946년에 김규식, 여운형을 중심으로 좌우 합작 위원회가 구성되었으며, 1948년 4월에 김구, 김규식 등은 남북 협상에 참여하였다. ② 여운형은 광복 직후에 좌우 연합의 조선 건국 준비 위원회를 조직하였다. ③ 조선 건국 준비 위원회에 가담하지 않은 송진우, 김성수 등의 민족주의 세력은 대한민국 임시 정부를 지지한다고 선언하고 미군 진주 직후에 한국 민주당을 창당하였다.

20 1970년대의 정치 상황 　　　　　　정답 ③

정답률(%)	문항별 선택비율(%)			
	①	②	③	④
64	9	21	64	6

제시된 자료는 1970년대 정부가 장발 단속 등을 실시하여 사람들의 일상생활을 통제하는 것과 관련된 내용이다. ③ 1976년에는 재야인사들이 명동 성당에 모여 유신 체제를 정면으로 비판하는 3·1 민주 구국 선언을 발표하였다.

오답분석 ① 1965년의 일이다. ② 1987년 6월 항쟁 때의 일이다. ④ 1960년 4·19 혁명 때의 일이다.

부록1 | 2022. 04. 02. 국가직 9급

구분	정치	경제	사회	문화
선사			1	
고대	6, 15			2, 5
중세	18	19		9, 16
근세	3, 7, 8			
근대 태동기				10
근대 개항기	14, 17, 20			
일제 강점기	4, 11, 12			
현대	13			

✅ Answer

1	①	2	③	3	④	4	①	5	②
6	③	7	④	8	②	9	③	10	③
11	①	12	④	13	④	14	②	15	①
16	②	17	②	18	③	19	②	20	④

01 옥저 　　정답 ①

제시된 자료는 옥저의 장례 풍습에 대한 내용이다. ① 민며느리제는 옥저의 혼인 풍습이다. 민며느리제는 신랑이 될 집안이 혼인을 약속한 여자아이를 데려와 키우다가, 아이가 성장하면 여자 집에 예물을 주고 혼인하는 제도이다.

오답분석 ② 부여, ③ 삼한, ④ 동예에 대한 설명이다.

02 유네스코 세계 문화유산 　　정답 ③

③ 계단식 돌무지무덤은 서울 석촌동 고분군에서 발견되었다. 부여 능산리 고분군에서는 규모는 작지만 세련된 굴식 돌방무덤이 발견되고 있다.

오답분석 ① 백제의 미륵사지 석탑은 목탑의 모습을 많이 지니고 있다. ② 정림사지에는 미륵사지 석탑을 계승한 정림사지 5층 석탑이 있다. ④ 무령왕릉에는 무덤 주인공이 무령왕과 왕비임을 알려주는 지석이 발견되어 연대를 확실히 파악할 수 있었다.

03 조선 시대의 관청 　　정답 ④

④ 승정원은 국왕의 비서 기관으로 왕명의 출납(국왕의 명령을 신하들에게 전달)을 담당하였다.

오답분석 ① 예문관에 대한 설명이다. 사간원은 정책이나 잘못된 것에 대해 비판하는 간쟁 기관이었다. ② 각 관청에서 작성한 업무 일지인 등록을 모아 해마다 '시정'를 편찬한 관청은 춘추관이다. 한성부는 서울의 행정과 치안을 담당하는 관청이었다. ③ 외교 문서 작성을 담당한 관청은 승문원이다. 춘추관은 역사 자료를 편찬하는 관청이었다.

04 임시 정부 　　정답 ①

제시된 자료는 임시 정부의 활동에 대해 서술하고 있다. ① 임시 정부는 미국에 구미 위원부를 설치하여 한국의 독립 문제를 국제 여론화하기 위한 외교 활동을 전개하였다.

오답분석 ② 독립의군부는 임시 정부가 수립되기 이전인 1912년에 국내에서 결성된 단체이다. ③ 서울 진공 작전은 정미의병 때인 1908년에 추진되었다. ④ 대한매일신보가 창간된 것은 근대 시기인 1904년의 일이다.

05 신라의 승려 　　정답 ②

(가)는 의상의 행적에 관한 내용이고, (나)는 자장의 활동에 대해 서술하고 있다. ② 의상은 『화엄일승법계도』를 저술하여 화엄 사상의 요체를 제시하였다.

오답분석 ① 일심 사상을 주장한 승려는 원효이다. ③ 혜초는 인도와 중앙아시아 여러 나라의 풍물을 기록한 『왕오천축국전』을 남겼다. ④ 교관겸수를 주장한 승려는 고려의 의천이다.

06 발해 무왕 　　정답 ③

제시된 자료의 (가)에 들어갈 국왕은 발해 무왕이다. ③ 발해 무왕은 중국 산둥 지방의 등주에 장문휴를 필두로 하는 수군을 보내 공격하였다.

오답분석 ① 수도를 상경성으로 옮긴 것은 발해 문왕과 발해 성왕이다. 발해 문왕은 수도를 중경 현덕부에서 북쪽 상경 용천부로 옮겼고, 발해 성왕 때 수도를 동경 용원부에서 상경 용천부로 옮겼다. ② 발해 선왕 때 전성기를 이루어 당나라로부터 '해동성국'이라는 칭호를 획득하였다. ④ 대조영(발해 고왕)은 고구려 유민과 말갈족을 이끌고 동모산 기슭에서 나라를 건국하고 국호를 진(震)이라 하였다.

07 조선 전 · 후기 국왕 　　정답 ④

제시된 자료는 조선 시대에 편찬된 법전들에 대해 서술하고 있다. 『경국대전』은 성종 때 완성되었으며, 이후 영조 때 『속대전』이 편찬되었다. 또한 정조 때 『대전통편』이, 고종(흥선 대원군 집권기) 때 『대전회통』이 편찬되었다. ④ 고종이 아니라 철종 때의 일이다. 철종 때 삼정이정청을 설치하고 삼정 문란에 대한 대책을 강구하였다.

오답분석 ① 성종 때 홍문관을 설치하여 학문 연구와 더불어 정책을 토론하고 심의하는 역할을 맡겼다. ② 영조는 붕당의 배후 세력으로 인식되던 산림의 존재를 인정하지 않았으며, 그들의 본거지인 서원을 대폭 정리하였다. ③ 정조는 수원으로 사도 세자의 묘를 옮기고 '현륭원'이라 하였으며, 현륭원 북쪽 팔달산 밑에 새로운 성곽 도시로 '화성'을 세웠다.

08 기묘사화 　　정답 ②

제시된 자료에서 '조광조', '위훈삭제' 등의 내용을 통해 중종 때 일어난 기묘사화에 대해 설명하고 있음을 알 수 있다. 중종 때 반정 공신(훈구)을 견제하기 위해 조광조를 비롯한 사림들을 중용하였다. 이들 사림 세력들이 3사의 언관직을 차지하고 급진적인 개혁을 추진하자, 위기를 느낀 훈구 공신들은 위훈 삭제 사건에 반발하여 조광조를 비롯한 사림 세력을 제거하는 기묘사화를 일으켰다.

정답 및 해설

09 전근대 역사서 정답 ③

제시된 자료에서 (가)는 『삼국사기』의 서문이고, (나)는 『발해고』의 서문 내용이다. ③ 유득공은 『발해고』에서 발해의 역사를 우리의 역사로 본격적으로 다루었다. 그는 신라의 통일은 불완전한 것이고, 북쪽에 발해가 있었으므로 이를 남북국이라 불러야 한다고 주장하였다. 고대사 연구의 시야를 만주 지방으로 확대시킴으로써 반도 중심의 협소한 사관을 극복하는 데 힘썼다.

오답분석 ① 이규보의 『동명왕편』에 대한 설명이다. ② 일연이 저술한 『삼국유사』 등에 대한 설명이다. 『삼국사기』는 설화와 같이 신이한 기록과 불교적 세계관에 입각한 생활상 등은 다루지 않았다. ④ 『발해고』는 발해의 역사를 다룬 책이다.

10 박지원 정답 ③

제시된 자료는 박지원이 주장한 토지 개혁론인 한전론에 대한 내용이다. 박지원은 한전론(限田論)을 주장하면서 토지 소유의 상한선을 설정하고 농업 생산력을 높이는 데 관심을 기울였다. ③ 박지원은 『열하일기』를 써서 청 문물을 소개하고, 자신의 사회·문화·역사에 대한 소신을 피력하였다.

오답분석 ① 『반계수록』은 유형원의 저서이다. ② 『성호사설』은 이익이 저술한 책이다. ④ 『목민심서』는 정약용의 저서이다.

11 1910년대 무단 통치 정답 ①

제시된 자료에서 '헌병 경찰제 시행', '태형' 등의 내용을 통해 1910년대 무단 통치 시기에 대해 설명한 것임을 알 수 있다. ① 일제는 무단 통치 시기인 1912년에 토지 조사령을 공포하여 토지 조사 사업을 추진하였다.

오답분석 ② 1930년대 중·일 전쟁 이후인 민족 말살 통치 시기에 일제는 창씨개명을 실시하여 우리의 성과 이름을 일본식으로 바꾸도록 강요하였다. ③ 일제는 1941년 국민학교령을 제정하여 1941년 심상소학교의 명칭을 '황국 신민 학교'의 줄임말인 '국민학교'로 개칭하였다. ④ 일제는 민족 말살 통치 시기인 1938년에 국가총동원법을 만들어 한반도의 인적·물적 자원 수탈에 주력하였다.

12 김구 정답 ④

제시된 자료는 김구의 활동에 대해 설명하고 있다. ④ 모스크바 3국 외상 회의의 결정 내용이 알려지자 김구 등 임시 정부의 인사들은 신탁 통치(탁치) 반대 국민 총동원 위원회를 결성하고, 신탁 통치는 한국의 독립을 부인하는 결정이라고 비판하면서 반탁 운동을 펼쳤다.

오답분석 ① 좌·우 합작 위원회는 김규식, 여운형 등 중도파 인사들로 구성되었다. 조선 공산당, 이승만, 김구 등 좌·우를 대표하는 세력들이 참여하지 않았다. ② 여운형에 대한 설명이다. ③ 박용만에 대한 설명이다.

13 제헌 국회 정답 ①

제헌 국회는 1948년에 구성되어 1950년 5월까지 운영되었다. ① 제헌 국회에서는 1948년 9월 반민족 행위 처벌법을 제정하였다. 이후 국회의원 10명으로 구성된 '반민족 행위 특별 조사 위원회(반민 특위)'를 설치하였다.

오답분석 ② 1964년에 전개된 6·3 시위에 대한 설명이다. ③ 7·4 남북 공동 성명이 발표된 것은 1972년 7월의 일이다. ④ 1972년에 통과된 유신 헌법에 대한 설명이다.

14 흥선 대원군 정답 ②

제시된 자료는 흥선 대원군에 대해 설명하고 있다. ② 신미양요 이후, 흥선 대원군은 전국 각지에 척화비를 건립하여 통상 수교 거부 의지를 밝혔다.

오답분석 ① 미국에 보빙사를 파견한 것은 1883년의 일로, 흥선 대원군이 하야한 이후인 고종 친정 시기이다. ③ 백두산 정계비를 세운 것은 조선 후기인 숙종 때의 일이다. ④ 통리기무아문을 설치한 것은 흥선 대원군이 하야한 이후인 1880년 고종 친정 시기이다.

15 장수왕 정답 ①

제시된 자료는 장수왕이 승려 도림을 보내 백제의 국력을 피폐하게 만들고 한성을 점령한 것과 관련된 내용으로, 밑줄 친 '이 왕'은 장수왕을 지칭한다. ① 장수왕은 평양으로 도읍을 옮기고 적극적으로 남진 정책을 추진하였다.

오답분석 ② 고국천왕의 업적이다. ③ 미천왕 때 낙랑군을 점령하여 한 군현 세력을 한반도에서 몰아냈다. ④ 광개토 대왕 때 신라에 침입한 왜를 낙동강 유역에서 격퇴하고, 한반도 남부에까지 영향력을 행사하였다.

16 안동 봉정사 극락전 정답 ②

제시된 자료는 안동 봉정사 극락전에 대해 설명하고 있다. 안동 봉정사 극락전은 주심포 양식에 맞배지붕 건물로, 가운데를 불룩하게 만들어 안정감을 준 배흘림기둥 양식이다. 봉정사 극락전은 보수 공사 하던 중 조선 시대에 지은 상량문(건물이 세워지고 다시 지어진 내력과 건물의 안녕을 비는 글)이 발견되었는데, 이 상량문에 공민왕 때 지붕을 수리하였다는 기록이 발견되었다. 이에 따라 이 건물이 현존하는 가장 오래된 목조 건축물임을 알 수 있다.

17 독립협회 정답 ②

제시된 자료는 독립협회의 활동에 대한 내용이다. ② 독립협회는 국민들의 성금을 모아 청에 대한 사대의 상징인 영은문(조선을 방문한 중국 사신을 맞이하던 문)을 허물고 그 자리에 독립문을 세웠다.

오답분석 ① 교육입국조서는 고종이 1895년에 공포한 것으로, 독립협회와는 관련이 없다. ③ 홍범 14조는 고종이 1894년 12월에 발표한 것으로, 독립협회와는 관련 없다. ④ 국채 보상 운동은 독립협회가 해체된 이후인 1907년에 전개되었다.

18 원 간섭기의 정치 상황 　　　　　　　정답 ③

무신 정권이 몰락한 것은 1270년의 일이고, 공민왕 즉위는 1351년의 일이다. ③ 공민왕 때 유인우 등이 쌍성총관부를 공격하여 철령 이북의 땅을 수복하였다(1356).

오답분석 ① 충선왕은 1313년 아들인 충숙왕을 즉위시킨 뒤 원나라로 돌아가 연경에 만권당을 설립하였다. ② 정동행성은 충렬왕 때 일본 원정을 준비하기 위해 개경에 설치하였다. ④ 『제왕운기』는 충렬왕 때 이승휴가 편찬한 역사서이다.

19 고려의 경제 　　　　　　　　　　　정답 ②

제시된 자료는 고려 시대의 전시과 제도, 농업 기술 발달에 관해 서술하고 있다. ② 조선 후기에 실시된 대동법에 따라 기존에 가호에 부과하던 공물의 부과 기준이 토지 결수에 따라 토지 소유자에게 부과하여 가호 단위의 공납이 전세화되는 결과를 가져왔다.

오답분석 ① 고려는 재정을 운영하는 관청으로 호부, 삼사 등을 두었다. ③ 고려 정부는 생산량의 1/10을 조세로 거두었다. ④ 고려 시대에 '소'라는 특수 행정 구역에 거주하는 사람들은 국가가 필요로 하는 금, 은, 구리, 철 등의 원료와 종이, 먹, 도자기 등의 공납품을 만들어 바쳤다.

20 근대의 정치 상황 　　　　　　　　　정답 ④

신미양요는 1871년에 일어났고, 갑오개혁은 1894년부터 추진되었다. ④ 조·미 수호 통상 조약이 체결된 것은 1882년의 일이다.

오답분석 ① 을사늑약이 체결된 것은 1905년의 일이다. ② 정미의병이 발생한 것은 1907년의 일이다. ③ 오페르트 도굴 미수 사건이 일어난 것은 1868년의 일이다.

정답
및
해설

부록 2 문항분석표

구분	정치	경제	사회	문화
선사				
고대	1, 2, 3, 15			
중세	6, 12, 16			8, 9
근세	4			17
근대 태동기	10		5	
근대 개항기	11			
일제 강점기	18, 20		13	
현대	7, 14, 19			

Answer

1	②	2	②	3	③	4	①	5	③
6	①	7	①	8	②	9	③	10	④
11	①	12	④	13	③	14	②	15	④
16	③	17	②	18	④	19	②	20	④

01 김유신 　정답 ②

제시된 자료는 660년 나·당 연합군이 백제를 공격할 때 나·당 갈등과 관련된 내용이다. 기벌포에 도착한 당나라 소정방은 김유신에게 약속한 시일보다 늦게 왔다고 문제를 삼아 신라 측과 갈등을 빚었다. 따라서 밑줄 친 '그'는 김유신을 일컫는다. ② 진골 출신인 김춘추(태종 무열왕)는 김유신의 도움을 받아 왕위에 오를 수 있었다.

오답분석 ① 을지문덕, ③ 장보고에 대한 설명이다. ④ 대가야를 정복한 것은 6세기 진흥왕 때의 일이다. 나·당 연합군이 백제를 공격할 당시 신라의 국왕은 태종 무열왕(김춘추)이었다.

02 지증왕 　정답 ②

제시된 자료는 신라 지증왕 때 우산국 정벌과 관련된 내용이다. ② 지증왕은 국호를 신라로 정하고 왕호를 기존의 마립간에서 중국식인 '왕'으로 고쳤다.

오답분석 ① 원성왕의 업적이다. ③ 신문왕 때의 일이다. ④ 발해 무왕 때의 일이다.

03 발해 　정답 ③

제시된 자료는 발해의 특산물과 위치에 대해 서술하고 있다. ③ 발해는 지방을 5경 15부 62주로 편성하였다. 전략적 요충지에는 5경을 두었고, 지방 행정의 중심에는 15부를 두었으며, 그 아래에 주와 현을 두고 지방관을 파견하였다.

오답분석 ① 백제의 중앙 제도에 대한 설명이다. ② 통일 신라의 군사 제도에 대한 설명이다. ④ 고구려는 제가 회의라는 합좌 기구에서 귀족들이 국가 중대사를 처리하였다.

04 세종 　정답 ①

제시된 자료는 세종 때 편찬된 『농사직설』의 서문으로, 밑줄 친 '왕'은 세종을 일컫는다. ① 세종 때 공법을 시행하여 토지의 비옥도와 풍흉에 정도에 따라 조세를 부과하였다.

오답분석 ② 한양으로 도읍을 옮긴 국왕은 태조, 태종이다. ③ 『경국대전』이 완성된 것은 조선 성종 때의 일이다. ④ 중종은 조광조 등 사림들을 등용하여 개혁을 추진하였다.

05 서얼 　정답 ③

제시된 자료는 어숙권의 『패관잡기』의 내용이다. 서얼의 정치적 진출을 제한한 서얼금고법에 대해 비판하고 있다. 따라서 밑줄 친 '이들'은 서얼을 일컫는다. 양반의 첩에게서 태어난 서얼은 양반 정실의 자녀보다 차별을 받았다. 이들은 문과에 응시하는 것이 금지되었고, 관직 진출에도 제한이 있어 정3품까지만 승진할 수 있었다.

06 광종 　정답 ①

제시된 자료는 광종 때의 공신 숙청과 과거제 실시에 대한 내용이다. ① 광종은 노비안검법를 제정하여 불법적으로 노비가 된 자들을 조사하고 양인으로 해방하였다. 이를 통해 호족의 세력을 약화시키고 국가의 수입 기반을 확대하였다.

오답분석 ② 전민변정도감은 불법적인 농장을 규제하고, 백성을 보호하기 위해 설치한 기구이다. 고려 원종 때 처음 설치되었고 이후 충렬왕·공민왕·우왕 때 설치와 폐지를 반복하였다. ③ 경종 때 처음 전시과 제도를 실시하였다. ④ 성종의 업적이다.

07 4·19 혁명 　정답 ①

제시된 자료는 4·19 혁명 때 서울의 대학 교수들이 발표한 '시국 선언문'의 내용이다. 서울 시내의 대학 교수들은 '시위대를 옹호하는 한편, 이승만 대통령의 하야를 요구'하는 시국 선언문을 발표하고 국회 앞까지 가두 시위를 벌였다.

08 고려 초기 불상 　정답 ②

제시된 자료는 고려 전기, 불상의 특징에 대해 서술하고 있다. ② 고려 전기에는 지방 세력으로 호족이 존재하고 있었다. 고려 태조는 유력 호족의 딸과 결혼하는 혼인 정책과 왕씨 성을 하사하는 사성 정책을 통해 호족 세력을 포섭하고자 하였다.

오답분석 ① 신라에 대한 설명이다. 성골 출신의 국왕은 신라 진덕여왕이 마지막이었다. ③ 19세기 세도 정치 때의 일이다. ④ 사림 세력이 정국을 주도한 시기는 16세기 후반, 선조 때부터이다.

09 전근대 역사서
정답 ③

ⓒ 이규보의 『동명왕편』은 동명왕의 건국 신화를 5언시로 재구성한 일종의 영웅 서사시로서, 고구려의 계승 의식을 강조하였다. ⓔ 유득공은 『발해고』에서 신라와 발해를 병립시켜 남북국이라는 용어를 사용하였다.

오답분석 ⓐ『삼국사기』는 상고사를 평가 절하하여 고조선의 존재를 알면서도 기록하지 않았다. 따라서 단군신화 역시 수록되지 않았다. ⓒ 기사본말체 역사서로는 이긍익의 『연려실기술』 등이 있다. 『동사강목』은 편년체와 강목체의 서술 방식을 따랐다.

10 영조
정답 ④

제시된 자료는 영조가 자신의 업적을 6가지로 정리하여 발표한 「어제문업」의 내용이다. 탕평, 균역법, 청계천 준설 등을 통해 해당 자료의 국왕이 영조임을 알 수 있다. ④『동국문헌비고』는 영조 때 왕명으로 편찬된 최초의 관찬 한국학 백과사전이다.

오답분석 ① 정조의 업적이다. ② 나선 정벌이 단행된 것은 효종 때의 일이다. ③ 순조 때 홍경래의 난이 일어났다.

11 근대의 정치 상황
정답 ①

을미사변은 1895년에 일어난 사건이고, 러·일 전쟁은 1904년에 발발하였다. 따라서 (가) 시기는 1895년~1904년까지이다. ① 독립협회는 국민들의 성금을 모아 청에 대한 사대의 상징인 영은문을 허물고 그 자리에 독립문을 세웠는데, 1897년에 완공되었다.

오답분석 ② 통감부가 설치된 것은 1906년의 일이다. ③ 동양 척식 주식회사는 1908년에 설립되었다. ④ 경복궁이 중건된 것은 흥선 대원군 집권기(1863~1873) 때의 일로, 을미사변 이전이다.

12 우왕
정답 ④

제시된 자료는 우왕의 출생과 즉위 과정에 대해 서술하고 있다. ④ 우왕 때 명의 철령위 설치에 대응하여 최영의 주도로 요동 정벌을 추진하였다. 그러나 요동 정벌에 나섰던 이성계는 명으로 들어가는 길목인 위화도에서 군대를 되돌려 우왕을 몰아내고 최영을 제거하였다(위화도 회군).

오답분석 ① 조선 세종 때의 일이다. ② 삼별초의 반란은 1270년에 시작되어 1273년에 진압되었다. 이 시기는 고려 원종의 재위 기간이었다. ③ 공민왕 때의 일이다.

13 물산 장려 운동
정답 ③

제시된 자료는 1920년대 물산 장려 운동 때 사용됐던 '조선물산장려회 포스터'이다. ③ 일부 사회주의자들은 물산 장려 운동이 상인이나 자본가 계급에게 이용당해 자본가 계급의 이익만 추구한다고 비난하였다.

오답분석 ① 민립 대학 설립 운동은 1923년 이후 남부 지방의 가뭄과 전국적인 수해로 모금 활동에 어려움을 겪으면서 민립 대학 설립 운동은 좌절되었다. ② 회사령은 1910년에 제정된 법령으로, 물산 장려 운동이 시작되기 이전이다. ④ 물산 장려 운동은 조선인이 주도한 민족 운동이다.

14 유신 헌법
정답 ②

제시된 자료는 1972년에 제정된 유신 헌법(제7차 개헌)의 내용이다. ② 1980년에 통과된 제8차 개헌에 규정된 내용이다. 유신 헌법에 따라 대통령 임기를 6년으로 연장하고 중임 제한 조항을 철폐하였다.

오답분석 ① 유신 헌법에 따라 대통령은 국회를 해산할 수 있었다. ③ 유신 헌법에는 '대법원장은 대통령이 국회의 동의를 얻어 임명한다.'라고 규정하였다. ④ 유신 헌법에 따라 대통령에게 긴급 조치라는 초헌법적 권리가 부여되었다. 이에 따라 각종 법률의 효력을 대통령 임의로 정지시킬 수 있었다.

15 삼국의 발전 과정
정답 ④

(라) 고구려는 장수왕 때인 427년 평양으로 도읍을 옮기고 적극적으로 남진 정책을 추진하였다. (다) 백제 문주왕은 475년 웅진(공주)으로 천도하였다. (가) 신라는 진흥왕 때 백제 성왕과 연합하여 551년에 한강 유역을 탈환하였다. 한강 하류는 백제가, 한강 상류는 신라가 나누어 차지하였다. 그러나 진흥왕은 553년 백제가 회복한 하류 6군을 빼앗아 한강 유역 전체를 차지하였다. (나) 관산성 전투는 신라 진흥왕 때인 554년의 일이다. 신라의 배신에 격분한 성왕의 공격으로 관산성 전투가 벌어졌으나 성왕은 이 전투에서 전사하고 신라가 승리하였다.

16 강조
정답 ③

제시된 자료의 (가) 인물은 고려의 장수인 강조이다. 강조는 거란군의 침입에 맞서 싸웠지만 패하여 거란군의 포로가 되었다. 거란은 그에게 귀순을 제의했으나 강조는 이를 거부하고 처형당하였다. ③ 목종 때 서북면 도순검사 강조가 군사를 일으켜 개경에 들어와 김치양 일파를 제거하였다(강조의 정변). 강조는 목종을 폐위시켰으며 현종을 왕으로 옹립하였다.

오답분석 ① 김부식에 대한 설명이다. 김부식이 이끈 관군의 공격으로 묘청의 난은 약 1년 만에 진압되었다. ② 윤관에 대한 설명이다. ④ 서희의 외교 담판에 대한 설명이다.

17 이이
정답 ②

제시된 자료는 이이가 저술한 『성학집요』와 관련된 내용이다. 이이는 『성학집요』에서는 현명한 신하가 성학을 군주에게 가르쳐 그 기질을 변화시켜야 한다고 주장하였다. ② 이이는 『동호문답』을 저술하여 당대의 현실 문제를 문답식으로 논하였다.

오답분석 ① 이황에 대한 설명이다. 이황은 예안향약을 만들었고, 이이는 해주향약과 서원향약을 만들어 보급하였다. ③ 주세붕에 대한 설명이다. ④ 정도전, 남은 등에 대한 설명이다.

18 안중근 　정답 ④

제시된 자료는 하얼빈 역에서 이토 히로부미를 저격한 후 체포된 안중근이 재판을 받을 때 남긴 법정 진술의 내용이다. ⓒ 안중근은 이토 히로부미 처단 후, 사형 언도를 받고 감옥 안에서 『동양평화론』을 집필하였다. 그러나 결국 완성하지 못한 채 사형당하였다. ⓔ 안중근은 연해주에서 이범윤과 함께 의병 투쟁을 전개하였다.

오답분석 ⓐ 안중근은 뤼순 감옥에서 옥고를 치르다가 1910년 3월 32세의 나이로 순국하였다. 일본에서 순국한 인물로는 최익현, 이봉창, 윤봉길 등이 있다. ⓑ 한인 애국단은 안중근 사망 이후인 1931년에 조직되었다. 한인 애국단 소속의 인물로는 이봉창, 윤봉길 등이 있다. 또한 ⓐ, ⓑ 둘 다 해당되는 인물로는 한인 애국단 단원인 이봉창, 윤봉길이다.

19 반민족 행위 처벌법 　정답 ②

제시된 자료는 1948년 9월에 제정된 반민족 행위 처벌법의 내용이다. ② 반민족 행위 처벌법은 1948년 9월에 만들어졌으며, 농지개혁법은 1949년에 제정된 법령이다. 따라서 '반민족 행위 처벌법이 만들어진 후에 농지개혁법이 제정되었다.'라는 표현이 적절하다.

오답분석 ① 제헌 국회는 '반민족 행위 처벌법 기초 특별 위원회'를 구성하고 특별법 제정에 착수하여 '반민족 행위 처벌법(반민법)'을 제정하였다. ③ 반민족 행위 처벌법에 따라 '반민족 행위 특별 조사 위원회(반민 특위)'가 구성되었고, 특별 재판부(단심)가 설치되었다. ④ 반민족 행위 처벌법에 따라 친일 경력을 가진 고위 경찰 간부 노덕술 등이 체포되었다.

20 의열단(김원봉 · 신채호) 　정답 ④

제시된 자료는 신채호의 「조선혁명선언」의 내용이다. 신채호는 김원봉의 요청으로 「조선혁명선언」을 작성하여 의열단의 투쟁 노선과 행동 강령을 제시하였다. 따라서 (가)는 김원봉이고, (나)는 신채호다. ④ 김원봉을 비롯한 일부 의열단원은 무장 투쟁을 위한 군대 양성을 목적으로, 황포 군관 학교에 입교하여 훈련을 받았다. 또한, 신채호는 대한매일신보에 『독사신론』을 연재하여 일본의 식민 사관에 대항할 수 있는 민족주의 사학의 발판을 마련하였다.

오답분석 ① 김원봉의 주도 아래 조선 의용대가 결성된 것은 맞지만, '국혼'을 강조한 사람은 박은식이다. ② 신흥 무관 학교를 세운 사람은 이동녕 · 이회영 등이고, 형평사를 창립한 것은 백정 출신인 이학찬이다. ③ 조선 건국 동맹을 조직한 사람은 여운형이고, 식민 사학의 한국사 정체성론을 반박한 사람은 백남운 등이다.

빠른 정답 찾기

1회
1. ①	2. ①	3. ③	4. ①	5. ②
6. ②	7. ④	8. ④	9. ②	10. ②
11. ③	12. ④	13. ③	14. ④	15. ③
16. ②	17. ④	18. ②	19. ④	20. ④

2회
1. ②	2. ①	3. ④	4. ③	5. ③
6. ①	7. ①	8. ③	9. ①	10. ②
11. ③	12. ②	13. ②	14. ①	15. ④
16. ①	17. ②	18. ②	19. ③	20. ③

3회
1. ④	2. ④	3. ①	4. ④	5. ①
6. ②	7. ②	8. ③	9. ②	10. ①
11. ②	12. ②	13. ③	14. ④	15. ③
16. ①	17. ④	18. ①	19. ②	20. ②

4회
1. ③	2. ④	3. ①	4. ①	5. ①
6. ③	7. ③	8. ④	9. ②	10. ③
11. ④	12. ②	13. ③	14. ②	15. ①
16. ④	17. ③	18. ①	19. ②	20. ②

5회
1. ②	2. ①	3. ③	4. ③	5. ③
6. ④	7. ②	8. ②	9. ②	10. ①
11. ②	12. ④	13. ①	14. ④	15. ③
16. ②	17. ②	18. ③	19. ②	20. ④

6회
1. ②	2. ②	3. ④	4. ④	5. ④
6. ③	7. ②	8. ②	9. ④	10. ③
11. ①	12. ④	13. ②	14. ④	15. ①
16. ②	17. ④	18. ①	19. ②	20. ④

7회
1. ④	2. ③	3. ③	4. ②	5. ④
6. ④	7. ④	8. ②	9. ④	10. ①
11. ①	12. ④	13. ①	14. ②	15. ②
16. ①	17. ①	18. ③	19. ②	20. ②

8회
1. ②	2. ③	3. ①	4. ③	5. ③
6. ②	7. ④	8. ③	9. ①	10. ③
11. ②	12. ①	13. ④	14. ④	15. ④
16. ②	17. ③	18. ②	19. ③	20. ③

9회
1. ②	2. ③	3. ③	4. ③	5. ②
6. ③	7. ④	8. ②	9. ①	10. ③
11. ①	12. ②	13. ④	14. ③	15. ④
16. ②	17. ③	18. ②	19. ②	20. ①

10회
1. ②	2. ②	3. ①	4. ③	5. ④
6. ③	7. ④	8. ②	9. ②	10. ④
11. ②	12. ④	13. ④	14. ④	15. ②
16. ④	17. ④	18. ②	19. ②	20. ③

11회
1. ②	2. ④	3. ④	4. ④	5. ④
6. ②	7. ④	8. ①	9. ④	10. ②
11. ②	12. ①	13. ④	14. ②	15. ③
16. ④	17. ③	18. ①	19. ①	20. ②

12회
1. ③	2. ③	3. ②	4. ①	5. ④
6. ④	7. ④	8. ④	9. ①	10. ④
11. ②	12. ④	13. ④	14. ②	15. ③
16. ②	17. ③	18. ②	19. ④	20. ④

부록1
1. ①	2. ③	3. ④	4. ①	5. ②
6. ③	7. ④	8. ②	9. ③	10. ③
11. ②	12. ④	13. ①	14. ②	15. ①
16. ②	17. ②	18. ③	19. ②	20. ④

부록2
1. ①	2. ②	3. ③	4. ①	5. ③
6. ①	7. ①	8. ②	9. ③	10. ①
11. ①	12. ④	13. ③	14. ②	15. ④
16. ③	17. ②	18. ④	19. ②	20. ④

노범석

주요 약력

- 박문각 공무원 한국사 전임교수
- EBS 공무원 한국사 강사
- 전) KG패스원 공무원 한국사 전임교수
- 전) 강남구청 인터넷수능방송 강사
- 전) 두로경찰간부학원 한국사 교수
- 전) 을지대학교 한국사 특강 교수

주요 저서

- 노범석 한국사 기본서(박문각)
- 노범석 한국사 필기노트(박문각)
- 노범석 한국사 기선제압 OX (더나은)
- 노범석 한국사 기출문제집(박문각)
- 노범석 한국사 기출필수코드 단원별 실전문제(더나은)
- 노범석 한국사 파이널 모의고사(박문각)

동영상강의

www.pmg.co.kr

노범석 한국사카페

www.hbhistory.co.kr

9급 공무원 시험대비 **전면개정판**

박문각 공무원 파이널 모의고사

노범석 한국사

초판인쇄 | 2023. 3. 10. **초판발행** | 2023. 3. 15. **편저자** | 노범석
발행인 | 박 용 **발행처** | (주)박문각출판 **등록** | 2015년 4월 29일 제2015-000104호
주소 | 06654 서울시 서초구 효령로 283 서경B/D **팩스** | (02)584-2927
전화 | 교재 주문·내용 문의 (02)6466-7202

저자와의
협의하에
인지생략

정가 12,000원   ISBN 979-11-6987-197-6

2023년도 9급 국가공무원 공개경쟁채용시험 필기시험 답안지

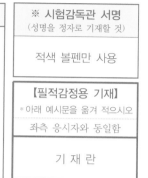

컴퓨터용 흑색사인펜만 사용	
성 명	
자필성명	본인 성명 기재
응시직렬	
응시지역	채용관리 과 장 인
시험장소	

응 시 번 호							
	①	①	①	①	①	①	①
	②	②	②	②	②	②	②
	③	③	③	③	③	③	③
	④	④	④	④	④	④	④
	⑤	⑤	⑤	⑤	⑤	⑤	⑤
	⑥	⑥	⑥	⑥	⑥	⑥	⑥
⑥	⑦	⑦	⑦	⑦	⑦	⑦	⑦
⑦	⑧	⑧	⑧	⑧	⑧	⑧	⑧
	⑨	⑨	⑨	⑨	⑨	⑨	⑨
	⓪	⓪	⓪	⓪	⓪	⓪	⓪

주 민 등 록 번 호						-	*	*	*	*	*	*	*
	①	①	①	①	①								
	②		②	②	②								
	③		③	③	③								
	④		④		④								
	⑤		⑤		⑤								
⑤	⑥		⑥		⑥								
⑥	⑦		⑦		⑦								
⑦	⑧		⑧		⑧								
⑧	⑨		⑨		⑨								
⑨	⓪	⓪	⓪	⓪	⓪								

책 형
●
●

※ 시험감독관 서명 (성명을 정자로 기재할 것)
적색 볼펜만 사용

【필적감정용 기재】
*아래 예시문을 옮겨 적으시오
좌측 응시자와 동일함
기 재 란

문번	제1회	문번	제2회	문번	제3회	문번	제4회	문번	제5회	문번	제6회
1	① ② ③ ④	1	① ② ③ ④	1	① ② ③ ④	1	① ② ③ ④	1	① ② ③ ④	1	① ② ③ ④
2	① ② ③ ④	2	① ② ③ ④	2	① ② ③ ④	2	① ② ③ ④	2	① ② ③ ④	2	① ② ③ ④
3	① ② ③ ④	3	① ② ③ ④	3	① ② ③ ④	3	① ② ③ ④	3	① ② ③ ④	3	① ② ③ ④
4	① ② ③ ④	4	① ② ③ ④	4	① ② ③ ④	4	① ② ③ ④	4	① ② ③ ④	4	① ② ③ ④
5	① ② ③ ④	5	① ② ③ ④	5	① ② ③ ④	5	① ② ③ ④	5	① ② ③ ④	5	① ② ③ ④
6	① ② ③ ④	6	① ② ③ ④	6	① ② ③ ④	6	① ② ③ ④	6	① ② ③ ④	6	① ② ③ ④
7	① ② ③ ④	7	① ② ③ ④	7	① ② ③ ④	7	① ② ③ ④	7	① ② ③ ④	7	① ② ③ ④
8	① ② ③ ④	8	① ② ③ ④	8	① ② ③ ④	8	① ② ③ ④	8	① ② ③ ④	8	① ② ③ ④
9	① ② ③ ④	9	① ② ③ ④	9	① ② ③ ④	9	① ② ③ ④	9	① ② ③ ④	9	① ② ③ ④
10	① ② ③ ④	10	① ② ③ ④	10	① ② ③ ④	10	① ② ③ ④	10	① ② ③ ④	10	① ② ③ ④
11	① ② ③ ④	11	① ② ③ ④	11	① ② ③ ④	11	① ② ③ ④	11	① ② ③ ④	11	① ② ③ ④
12	① ② ③ ④	12	① ② ③ ④	12	① ② ③ ④	12	① ② ③ ④	12	① ② ③ ④	12	① ② ③ ④
13	① ② ③ ④	13	① ② ③ ④	13	① ② ③ ④	13	① ② ③ ④	13	① ② ③ ④	13	① ② ③ ④
14	① ② ③ ④	14	① ② ③ ④	14	① ② ③ ④	14	① ② ③ ④	14	① ② ③ ④	14	① ② ③ ④
15	① ② ③ ④	15	① ② ③ ④	15	① ② ③ ④	15	① ② ③ ④	15	① ② ③ ④	15	① ② ③ ④
16	① ② ③ ④	16	① ② ③ ④	16	① ② ③ ④	16	① ② ③ ④	16	① ② ③ ④	16	① ② ③ ④
17	① ② ③ ④	17	① ② ③ ④	17	① ② ③ ④	17	① ② ③ ④	17	① ② ③ ④	17	① ② ③ ④
18	① ② ③ ④	18	① ② ③ ④	18	① ② ③ ④	18	① ② ③ ④	18	① ② ③ ④	18	① ② ③ ④
19	① ② ③ ④	19	① ② ③ ④	19	① ② ③ ④	19	① ② ③ ④	19	① ② ③ ④	19	① ② ③ ④
20	① ② ③ ④	20	① ② ③ ④	20	① ② ③ ④	20	① ② ③ ④	20	① ② ③ ④	20	① ② ③ ④

문번	제7회	문번	제8회	문번	제9회	문번	제10회	문번	제11회	문번	제12회
1	① ② ③ ④	1	① ② ③ ④	1	① ② ③ ④	1	① ② ③ ④	1	① ② ③ ④	1	① ② ③ ④
2	① ② ③ ④	2	① ② ③ ④	2	① ② ③ ④	2	① ② ③ ④	2	① ② ③ ④	2	① ② ③ ④
3	① ② ③ ④	3	① ② ③ ④	3	① ② ③ ④	3	① ② ③ ④	3	① ② ③ ④	3	① ② ③ ④
4	① ② ③ ④	4	① ② ③ ④	4	① ② ③ ④	4	① ② ③ ④	4	① ② ③ ④	4	① ② ③ ④
5	① ② ③ ④	5	① ② ③ ④	5	① ② ③ ④	5	① ② ③ ④	5	① ② ③ ④	5	① ② ③ ④
6	① ② ③ ④	6	① ② ③ ④	6	① ② ③ ④	6	① ② ③ ④	6	① ② ③ ④	6	① ② ③ ④
7	① ② ③ ④	7	① ② ③ ④	7	① ② ③ ④	7	① ② ③ ④	7	① ② ③ ④	7	① ② ③ ④
8	① ② ③ ④	8	① ② ③ ④	8	① ② ③ ④	8	① ② ③ ④	8	① ② ③ ④	8	① ② ③ ④
9	① ② ③ ④	9	① ② ③ ④	9	① ② ③ ④	9	① ② ③ ④	9	① ② ③ ④	9	① ② ③ ④
10	① ② ③ ④	10	① ② ③ ④	10	① ② ③ ④	10	① ② ③ ④	10	① ② ③ ④	10	① ② ③ ④
11	① ② ③ ④	11	① ② ③ ④	11	① ② ③ ④	11	① ② ③ ④	11	① ② ③ ④	11	① ② ③ ④
12	① ② ③ ④	12	① ② ③ ④	12	① ② ③ ④	12	① ② ③ ④	12	① ② ③ ④	12	① ② ③ ④
13	① ② ③ ④	13	① ② ③ ④	13	① ② ③ ④	13	① ② ③ ④	13	① ② ③ ④	13	① ② ③ ④
14	① ② ③ ④	14	① ② ③ ④	14	① ② ③ ④	14	① ② ③ ④	14	① ② ③ ④	14	① ② ③ ④
15	① ② ③ ④	15	① ② ③ ④	15	① ② ③ ④	15	① ② ③ ④	15	① ② ③ ④	15	① ② ③ ④
16	① ② ③ ④	16	① ② ③ ④	16	① ② ③ ④	16	① ② ③ ④	16	① ② ③ ④	16	① ② ③ ④
17	① ② ③ ④	17	① ② ③ ④	17	① ② ③ ④	17	① ② ③ ④	17	① ② ③ ④	17	① ② ③ ④
18	① ② ③ ④	18	① ② ③ ④	18	① ② ③ ④	18	① ② ③ ④	18	① ② ③ ④	18	① ② ③ ④
19	① ② ③ ④	19	① ② ③ ④	19	① ② ③ ④	19	① ② ③ ④	19	① ② ③ ④	19	① ② ③ ④
20	① ② ③ ④	20	① ② ③ ④	20	① ② ③ ④	20	① ② ③ ④	20	① ② ③ ④	20	① ② ③ ④